하버드 협상 수업

在哈佛学谈判 BY 王海山

Copyright © 2015 by 天津磨铁图书有限公司
All rights reserved.
Korean Translation Copyright © 2016 by Jaeum & Moeum Publishing Co., Ltd
Korean edition is published by arrangement with 天津磨铁图书有限公司
through SilkRoad Agency, Seoul, Korea.

이 책의 한국어판 저작권은 실크로드 에이전시를 통해 Tianjin Xiron Books Co., Ltd.와 독점 계약한 ㈜자음과모음 출판사에 있습니다.
저작권법에 의해 한국 내에서 보호를 받는 저작물이므로 무단 전재와 복제를 금합니다.

왕하이산 지음 | 홍민경 옮김

서문

하버드 MBA와 로스쿨은
왜 협상을 필수 과목으로 정했는가?

소통과 공감의 시대, 협상은 선택이 아닌 필수

잠깐, 이 책을 읽기 전에 먼저 할 일이 있다. 지금 바로 포털 사이트 뉴스 카테고리에서 '협상'이라는 키워드를 검색해보라.

"한진해운, 자율협약 개시될까…… 용선료 협상 난항 전망"
"北, 이란처럼 진정성 갖고 핵협상 복귀해야"
"더 세진 원내 사령탑…… 3당 체제 '협상의 정치' 좌우"
"EU-터키 비자면제 협상 막판 난항"
"맨유, 무리뉴와 '감독 협상 無'…… 수뇌부 '판 할' 잔류 고려"

정치, 경제, 국제, 나아가서는 스포츠, 연예에 이르기까지 다양한 분야에서 분 단위로 업데이트되는 기사를 당신도 볼 수 있을 것이다. 당신이 여전히 협상을 두려워하고 있는 동안, 세계 곳곳에서는 이렇게 무수한 협상이 진행 중이다.

소통과 공감이 시대정신이 된 21세기, 이제 협상은 선택이 아닌 필수이다. 비즈니스, 흥정, 설득, 교섭 등으로 가득한 세상은 거대한 협상 테이블과도 같고, 누구나 커뮤니케이션 전략이 필요한 세상에 살고 있다. 세계 최고 대학 하버드는 일찌감치 협상학을 비즈니스스쿨과 로스쿨의 필수 과목으로 선정했다. 나아가 협상연구소Program on Negotiation를 설치하고 전방위로 협상 데이터를 수집하고 분석해, 성공하는 협상의 패러다임과 전략을 구축했다.

G2 시대, 신흥 강국으로 부상한 중국에서 새로운 협상 바이블로 주목받고 있는 이 책은 바로 하버드 협상연구소에서 수년간 축적해온 협상 데이터와 전략을 연구·분석했다. 특히 비즈니스 협상부터 국제 분쟁 해결까지, 협상 테이블이 마련되는 모든 영역에서의 협상 성공 및 실패 사례 130여 편을 수록해, 협상에 두려움과 거부감을 가진 사람도 쉽게 접근하고 이해할 수 있도록 했다. 또한 자타 공인 '협상의 왕' 허브 코헨, 협상을 예술의 경지로 끌어올린 로저 도슨, 처세술 혁명가 데일 카네기 등, '레전드'라 불리는 협상 대가의 협상 원칙과 전략도 함께 담았다.

당신의 미래 가치를 결정할 협상 전략

중국 고전 《대학大學》은 다음과 같이 말한다.

밝은 덕을 천하에 밝히고자 하는 자는 먼저 그 나라를 잘 다스려야 하고 古之欲明明德於天下者 善治其國,

그 나라를 잘 다스리고자 하는 자는 먼저 그 집안을 잘 다스려야 한다 欲治其國者 先齊其家,

그 집안을 잘 다스리고자 하는 자는 먼저 자기 자신을 수양해야 하고 欲齊其家者 先修其身,

자기 자신을 수양하고자 하는 자는 먼저 그 마음을 바로 해야 한다 欲修其身者 先正其心.

지금 당신의 지위가, 당신의 연봉이, 당신의 기업이 불만족스럽다면 먼저 자신에게 질문해보자. 당신은 '노'라고 말해야 할 때 '예스'라고 말하지는 않는가? 혹은 당신이 손해를 보는 것 같은데 관계가 틀어질까 봐 아무 말도 못한 적은 없는가? 십을 살 때 생각했던 가격보다 비싸다면 그냥 계약하겠는가, 아니면 끝까지 흥정해보겠는가? 마침내 원하는 일자리를 찾았는데 연봉이 생각보다 낮다면 그냥 받아들일 것인가? 아니라면 어떻게 더 나은 조건을 얻어낼 것인가?

이 책을 보기 전까지 당신은 협상이 자신과 별로 상관없는 일이라고 여겼을지 모른다. 오랫동안 비즈니스업계에서 잔뼈가 굵은 협상 고수든, 이제 막 협상에 대해 알아나가는 협상 하수든, 물건을 사면 몇 푼이라도 깎으려고 애쓰는 가정주부든, 치열한 경쟁 속에서 살아남아야 하는 직장인이든, 누구나 이 책을 펼치는 순간 인생이 바로 끊임없는 협상의 연속임을 깨달을 것이다.

이제 커뮤니케이션 전략이 미래 가치를 결정한다. 당신의 내일을 위한 더 큰 그림을 그리고 싶다면 먼저 성공적인 협상 패러다임과 전략을 세워라. 이 책이 오늘, 여기, 당신을 위한 새로운 커뮤니케이션 교과서가 되어줄 것이다.

차례

서문   4

1강 나는 어떤 유형의 협상가인가

협상하는 인간, 호모 커넥티쿠스	17
생각에도 나쁜 습관이 있다	20
익숙한 패턴과 결별하기	23
목적형 인간	25
나만의 수요 찾기	27
내가 지금 너라면	29
벼랑 끝 전술	31
단어 하나도 전략이다	33
침 함부로 뱉지 마라	35
겸손의 미덕이 필요할 때	37
공감하는 인간, 호모 엠파티쿠스	39

2강 어떻게 여우를 길들일 것인가

주파수 찾기	45
시간 끌기	47
자존심 세워주기	49
프로파일링	51
합법적 신분을 활용하라	54
첫인상이 끝인상	56
공신력 있는 집단의 힘	58
단서는 리액션에 있다	60
호의는 최대한 베풀어라	62

3강 원칙이 꼼수를 이긴다

먼저 제시하지 마라	67
첫 제안은 묻지도 따지지도 말고 거절하라	69
숨어 있는 공동 이익 찾기	72
감정에 휘둘리지 마라	74
협상의 핵심이 언제나 '이것'은 아니다	76
상호 이익의 원칙	79
객관적 지표의 중요성	81
사안과 주체 분리하기	84
기브 앤드 테이크	86
최고의 결과, 윈-윈	88
양보 폭은 점점 좁혀나가라	91
오만과 편견	94
모험은 선택이 아닌 필수	96

4강 세 치 혀의 힘

본론보다 중요한 서론	101
말하지 않고 말하기	103
칭찬이 모든 고래를 춤추게 할까	105
잘못은 스스로 깨닫게 한다	107
경청의 힘	109
트집 잡기	111
거절과 보상의 균형	114
거짓 정보를 흘려라	116
입버릇 고치기	118
유도신문 활용하기	121
화가 난 상대를 다루는 화술	123
아 다르고 어 다른 말	125
'No'라고 말해야 할 타이밍	127

5강 된다고 생각해야 진짜 된다

자신감이 반이다	131
목표 가격 설정은 높게, 높게	134
적대감을 극복하라	136
이성을 극복하라	138
두려움을 극복하라	140
끝날 때까지 끝난 게 아니다	142

6강 생각의 프레임을 바꿔라

무조건 '이것'부터 수집하라	147
협상 상대를 손바닥 위에 올려라	149
제1의 정보원은 누구인가	151
맨투맨디펜스	153
관심사에 주목하라	155
이면의 목표를 파악하라	158
의심 많은 사람이 되라	160
협상 환경을 함부로 바꾸지 마라	162
첫 번째 질문, 최상의 대안이 있는가	164
두 번째 질문, 협상 목적이 분명한가	166
세 번째 질문, 협상 순서가 합리적인가	168
네 번째 질문, 지연에 대비했는가	170
모의 협상	172

7강 첫수로 주도권을 잡아라

분위기 메이커가 되라	177
서두는 가볍게	179
빨리 던져야 할 미끼	182
논쟁은 금물	185
온몸으로 말한다	187
현실성 있는 대안을 준비하라	189
문제의 본질에 집중하라	191
기분 맞춰주기	193
관계와 문제 분리하기	195
관계와 전략 분리하기	197
협상 기한도 전략이다	199

8강 공격과 방어의 리듬

협상은 일방통행이 아니다	203
살라미 전술, 잘게 잘게 썰어라	205
허영심은 함정에 빠지는 지름길	207
결정적 정보는 끝까지 숨긴다	209
가랑비에 옷이 젖듯	211
공격이 끝나기를 기다려라	213
질문을 던지고 기다려라	215

9강 심리 게임을 즐겨라

당신에게는 최종 결정권이 없다	219
일단 멈춤	222
보편 심리 키워드 1, 공짜	224
보편 심리 키워드 2, 권위	226
보편 심리 키워드 3, 유머	228
부드러움이 강함을 이긴다	231

10강 최소 투자, 최고 효과의 법칙

적극적으로 임하라	235
객관성을 확보하라	238
계약서를 준비한다	241
서류 쌓아놓기	244
디테일의 힘	246
내숭을 떨어라	248
경쟁을 붙여라	251
방어는 최선의 공격	253
제3자의 힘	256
고의로 실수를 저질러도 좋다	259
기회의 또 다른 얼굴을 찾아라	262
마지막 1분까지	265

11강 원하는 숫자에 다가가기

옵션으로 거래하라	271
예상을 뛰어넘어라	273
상대를 전문가로 만들어라	276
공정거래법을 지켜라	278
마지노선을 정한다	281
수치와 통계	284
희소성의 가치	287
약속을 지켜라	290

12강 '같이'가 '가치'다

진정성의 힘	295
나누고 나눈다	298
왼손이 하는 일을 오른손이 알게 하라	300
공유하라	303
갈등을 외면하지 마라	306
균형점을 찾아라	309
공동의 미래, 공통의 미래	311

13강 당신이 가진 결론에 대한 신념

알면서도 모르는 척	317
'붉은 청어' 만들기	319
빨리, 빨리, 빨리	321
파트너는 상극으로 골라라	323
혁신은 정확한 질문에서 시작된다	325
냉정해지면 보이는 것들	327
이길 수 있다는 믿음	329

14강 더 큰 그림을 그리는 습관

능력보다 지구력	333
적의 눈을 가려라	335
막히면 돌아가라	338
연결 고리가 있는가	340
언제나 백기를 쥐고 있어라	343
'타임'을 외칠 타이밍	345
최후의 선수는 정신력	347
다시 처음으로	349

1강

나는 어떤 유형의 협상가인가

협상하는 인간,
호모 커넥티쿠스

> 협상은 살아 숨 쉬는 사람과 벌이는 전쟁이다. 협상 상대 역시 감정이 있고, 자신만의 가치관과 배경, 견해가 있다. 그래서 그들의 말과 행동은 때때로 우리의 예상을 완전히 빗나가기도 한다. 물론 당신 역시 예외는 아니다.
> – 하버드 협상연구소

하버드 협상연구소에서 협상 실패 사례로 보고한 한 보험회사 변호사의 이야기를 들어보자.

몬티로 변호사는 보험회사를 대표해서 주州 보험 감독관 톰슨을 찾아가 협상을 시도했다.

"톰슨 씨, 공무로 바쁘신 와중에 귀한 시간 내주셔서 감사합니다. 제가 이렇게 찾아뵌 것은 보험업계 일각에서 책임 강화 법안의 조항이 불공정하다는 의견이 대두되고 있어서입니다. 보험업계에서 상용 중인 보험증서에도 이미 가격 조정에 관한 제한 조치가 적용되고 있기 때문에 다들 이 조항이 수정되기를……"

톰슨 감독관이 그녀의 말을 잘랐다.

"몬티로 변호사님, 저희 부처에서는 법령 반포 전, 그 규정에 관해 여러 차례 공청회를 진행했습니다. 그때 그쪽 회사에도 반대 발언을 할 기회가 충분히 주어졌었죠. 제가 그 공청회의 진행을 맡았고, 그곳에서 수렴한 모든 증언을 바탕으로 신중하게 이 법안의 조항을 채택해 작성했습니다. 그런데 이제 와서 그것이 잘못되었다고 말씀하시는 겁니까?"

"제 말은 그게 아니라……."

몬티로 변호사는 변명을 해보려 했지만 이내 궁지로 몰리고 말았다.

"그럼 제가 공정하지 못했다는 말입니까?"

"그럴 리가요. 제 말은 그런 뜻이 아니라 이 조항들이 전혀 예측하지 못했던 문제들을 낳고 있고……."

이번에도 톰슨 감독관은 몬티로 변호사의 말을 가차 없이 끊어버렸다.

"몬티로 변호사님, 전 이 자리에 앉기 위해 경합을 벌였고, 그 과정에서 대중에게 한 가지 공약을 했습니다. 사람의 생명을 위협하는 헤어드라이어와 저가 자동차를 시장에서 몰아내겠다고 말입니다. 지금의 법안이 바로 그 약속의 결과물이라 할 수 있죠. 게다가 이 법안 덕에 당신네 회사는 작년 한 해 동안 5천만 달러의 이익을 거두지 않았나요? 그런데도 나를 찾아와서 불공평하다느니, 예상치 못한 부작용이 초래되었다느니 하는 게 가당키나 합니까? 누구를 바보로 아는 겁니까? 법안과 관련된 얘기라면 더는 듣고 싶지 않으니 그만 나가주십시오, 몬티로 변호사."

하버드 협상연구소는 협상 상대가 사람이라는 사실과 그에 따라 파생되는 인간 내면의 문제에 특히 주목하고 있다. 협상의 주체는 사람이고, 그들이 만들어내는 변수는 무궁무진하다. 뛰어난 지식과 협상 전략을 갖추었다 해도 협상 과정에서 상대의 마음을 읽지 못하면 탄력적이고 융통성 있게 대처하기 힘들고, 결국 원하는 성과도 얻어낼 수 없다. 하버드 협상연구소의 협상 전략 역시 이 점에 주목하며 지식뿐 아니라 인성에 대한 이해를 강조한다.

생각에도
나쁜 습관이 있다

복잡한 환경이나 부득이한 상황에서 협상이 진행될 때 당사자가 습관적으로 보이는 즉각적인 반응이야말로 협상의 큰 걸림돌이다.
— 개빈 케네디 Gavin Kennedy

다음 사례는 생각 습관이 협상 과정에서의 소통에 얼마나 큰 걸림돌이 될 수 있는지를 보여준다.

사장 헨리, 자네처럼 능력 있는 직원이 내 곁에 있어서 얼마나 든든한지 모르네. 그런데 듣자 하니 자네가 팀원들에게 너무 엄격하게 군다더군. 아주 사소한 실수조차 그냥 넘어가는 법이 없다지? 그거야 그렇다 쳐도, 좋은 성과를 내고도 칭찬받아본 적 없다는 말이 직원들 입에서 나오는 것은 문제가 좀 있지 않나? 솔직히 말해서 직원들에게 채찍뿐 아니라 당근을 줄 필요도 있다고 보네. 그래야 서로 거리감도 줄이고, 직원 사기도 진작할 수 있겠지.

팀장   칭찬을요? 저는 제 팀원들이 실적을 내도록 관리하고 채찍질하는 것만으로도 벅찰 지경입니다. 그런 상황에서 그들의 비위까지 맞춰줘야 한다고 말씀하시는 겁니까? 물론 하려고 마음만 먹으면 못 할 것도 없겠지요. 하지만 괜히 기만 살아서 회사에 무슨 요구라도 해대면 골칫거리만 더 늘어나는 꼴이 될 겁니다.

사장   그들의 비위를 맞추라는 뜻이 아니네. 가끔은 칭찬도 아끼지 않아야 일에 긍정적인 효과를 가져올 수 있다는 말이지. 그렇게 해서 일의 효율을 높일 수만 있다면 자네한테도 이득 아닌가?

팀장   칭찬 같은 건 필요 없습니다. 다들 누가 잘했는지 다 아는데 형식적인 말 따위가 무슨 소용 있겠습니까? 오히려 역효과가 나서 연봉 인상이나 요구하겠지요.

사장   그럼 자네가 보기에는 콜이 어떤 사람 같은가? 그 친구는 일도 열심히 하고, 대인 관계도 두루두루 좋고 능력도 출중하지. 설마 그런 친구에게도 칭찬을 해줄 마음이 없나?

팀장   콜의 능력은 인정하지만 섣불리 칭찬했다가는 자만할지도 모르지요. 제가 칭찬을 하지 않으면 콜은 자신이 잘하고 있는지 스스로를 의심하며 긴장의 끈을 놓지 않을 겁니다. 이것이 바로 일의 효율을 높이는 방법이라고 생각합니다.

두 사람의 대화를 통해 우리는 직원을 대하는 팀장의 오랜 습관을 엿볼 수 있다. 지금까지 그는 이런 습관에 얽매인 채 직원들과의 관계를 규정하고 일정 거리를 유지해왔다. 그 결과, 상사 그리고 직원 모두와 효율적으로 소통하기 힘들어졌고, 사장과의 대화에서 역시 별다른 진전을 거두지 못했다.

사람은 누구나 자신만의 생각 습관이 있고, 협상가라 해도 예외는 아니다. 협상가 역시 어떤 문제에 부딪혔을 때 평소 생각 습관에 따라 일을 처리한다. 이것이 바로 직관에 따르는 협상 행위이고, 그 결과는 실수 혹은 경직된 문제 처리로 이어지게 된다. 협상가라면 습관적 사유의 틀을 깨고, 생각의 융통성을 키우기 위해 노력해야 한다.

익숙한 패턴과
결별하기

> 협상가는 스스로 정한 한계에 활발히 도전함으로써 자신의 경험을 뛰어넘는 새로운 시도를 해야 한다.
> — 허브 코헨 Herb Cohen

협상의 대가 로저 도슨 Roger Dawson에게는 능력에 비해 강연료가 턱없이 낮은 친구가 한 명 있었다. 그는 로저의 도움으로 마침내 자신의 몸값을 높이는 데 성공했다.

그전까지 그는 1,500달러를 받고 강연을 하러 다녔다. 그러던 어느 날, 그는 한 기업체의 교육 담당관으로부터 사내 교육을 맡아달라는 제안을 받았다.

"선생님께서 초빙에 응해주신다면 강연료로 최대 1,500달러를 드리겠습니다."

예전의 그라면 이 시점에서 당연히 이렇게 대답했을 것이다.

"저도 그 정도로 생각했습니다."

하지만 지금의 그는 그런 사고의 틀을 깨고 짐짓 놀란 표정을 지어 보인다.

"1,500달러요? 제가 생각했던 것과 너무 차이가 나는군요. 그 정도 비용으로는 강연을 할 수 없습니다."

그가 강하게 나가자 교육 담당관은 잠시 고민을 하다가 이내 한발 물러섰다.

"그렇다면 2,500달러까지 올려드리겠습니다. 이 금액이 저희가 드릴 수 있는 최대치이고, 그 이상은 저희로서도 불가능합니다."

이렇게 단지 협상 방식을 바꾼 것만으로도 로저의 친구는 짧은 시간 안에 이전보다 1천 달러나 많은 강연료를 받아낼 수 있었다.

협상가들은 의견 조율 과정에서 고정된 사고의 틀에 얽매이는 경향이 있다. 기존의 사고방식에 안주해 늘 똑같은 패턴을 반복하다 보면 변화무쌍한 협상 테이블에서 살아남기 힘들다. 난관에 부딪혔을 때 익숙한 패턴을 버리고 능수능란하게 대처하는 능력이야말로 협상가가 갖추어야 할 기본 요건이다.

목적형 인간

협상은 강력한 목적 지향적 활동이다.
— 제라드 니렌버그 Gerard I. Nierenberg

제2차세계대전 당시 미국 군수 부처는 선박을 이용해 유럽 전선으로 군수물자를 수송했다. 하지만 수송선박이 독일 항공기와 잠수함의 습격을 자주 받다 보니 막대한 손실이 이어졌다. 이런 상황을 개선하기 위해 미국은 독일의 공격을 막고 바닷길과 하늘길을 안전하게 확보할 수 있는 방어망을 구축했다. 그런데 막상 방어망이 구축되자 본래 취지를 모르는 이들 사이에서 미국의 방어망 구축 작전이 실패로 돌아갔다는 말이 나오기 시작했다. 통계상으로 볼 때 방어망 구축 후에도 미국이 독일의 항공기와 잠수함을 격추한 횟수가 별반 증가하지 않았기 때문이다. 미국의 작전이 실패했다고 주장하는 이들은 바로 이 통계 수치를 근거로 삼았다. 하지만 미국이 방어망을 구축한 본래 취지는 유럽 전선으로 수송하는 군수물자를 독일의 습격으로부터 보호하고,

그 손실을 최저한도로 낮추는 것이었다. 따라서 미국은 구축 당시부터 방어망을 군사 방위 시설로 간주했으며, 그 취지와 계획대로 독일 항공기와 잠수함의 습격을 피해 유럽으로 군수물자를 수송하는 데 성공했다. 그러므로 미국의 방어망 구축 작전은 목적 면에서 분명 성공한 작전이었다.

위의 사례에서 볼 수 있듯이, 협상가는 협의에 앞서 그 목적을 명확히 해야 하고, 목적에서 벗어나지 않도록 시시각각 스스로를 일깨워야 한다. 그러지 않으면 인지하지 못하는 사이 사고와 행동이 맹목적으로 변해서 소기의 목적을 달성하기 어려워진다. 자신이 왜 협상해야 하는지, 협상 결과가 자신에게 무슨 의미인지를 망각하지 않도록 주의해야 한다.

나만의 수요 찾기

> 협상은 이해관계로 얽힌 양쪽이 각자의 수요를 만족시키기 위해 진행하는 것이다. 또한 팽팽하게 맞서는 문제를 놓고 협력하고 양보함으로써 합의를 도출해내는 과정이기도 하다.
> – 제라드 니렌버그

스피노자는 네덜란드 유명 철학자로, 그의 사상은 당대뿐 아니라 후세에까지 막대한 영향력을 떨쳤다. 하지만 그가 세상에 미친 엄청난 영향과 철학에 대한 조예에 비해 그의 일생은 가난하고 초라하기 그지없었다. 그는 평생을 안경알을 깎으며 생계를 이어갔다.

스피노자의 인생관은 무척이나 독특해서, 안경알을 깎는 재주가 출중했는데도 그 일로 부를 쌓으려는 노력을 하지 않았다. 그는 돈을 버는 데 자신의 노력과 시간을 쏟아붓기보다는 가장 기본적인 생활을 유지하는 것에 만족하며 살았다. 그의 낙은 그저 심오하고 방대한 철학 속에 온전히 파묻혀 지내는 것뿐이었다. 이런 그가 자신의 여동생과 법정에서 재산 싸움을 벌인 적이 있다면 믿을 사람이 있을까?

스피노자는 자신이 유대인 공동체에서 추방당하자 동의도 없이 자기 소유의 유산을 점유한 누이에게 분노했다. 결국 그는 여동생과 재산 분쟁을 벌였고, 법원의 판결을 거쳐 원래 자신에게 속했던 유산을 되찾는 데 성공했다. 하지만 스피노자는 정의가 허물어지는 것을 막기 위해 소송했을 뿐이라며, 되찾은 유산을 다시 여동생에게 합법적으로 증여한 뒤, 여전히 안경알을 깎으며 살아갔다.

협상의 원동력은 수요需要이다. 협상의 본질이 서로 다른 이익을 얻음으로써 자신의 수요를 만족시키는 데 있기 때문이다. 협상가는 수요를 추진력으로 삼아 자신에게 필요한 이익을 얻게 된다. 이런 수요 교환으로 자신에게 필요 없는 것을 이용해 필요한 것을 얻어내려면, 복잡하고 경쟁이 치열한 협상 테이블에서 강력하게 주장을 펼쳐야 한다.

내가 지금 너라면

> 상대의 입장에 서서 문제를 고려하는 것이야말로 협상가가 갖춰야 할 가장 중요한 능력 중 하나이다.
> – 하버드 협상연구소

일본의 한 방송사에서 매주 시청자의 고민을 함께 풀어보는 토크쇼 형태의 프로그램을 방영했다. 이 프로그램의 시청률은 동 시간대 다른 프로그램의 시청률을 훨씬 웃돌았다. 이 높은 시청률에는 MC의 역할이 컸다. 그는 입장을 바꿔 생각하는 탁월한 역지사지 능력을 바탕으로 방청객들이 문제를 제기할 때마다 공감대를 형성하며 프로그램의 만족도를 높였다.

타인의 충고를 처음부터 거부감 없이 받아들이는 사람은 그리 많지 않다. 대부분 그 충고에 즉각 반대 의견을 내놓거나 변명을 하려고 한다. 그런데 이 프로그램에서만큼은 대다수 참여자가 MC의 한 마디 한 마디에 귀를 기울이며 동조했다. 왜일까?

그는 매번 도움이 필요한 이의 입장에 서서 정곡을 찌르는 의견을 적절하게 내놓았다. 예를 들어 이 프로그램의 방청객 중에는 이혼한 여성이 많았는데, MC는 그들이 인생 상담을 할 때마다 늘 그들의 입장에서 먼저 말을 꺼냈다.

"제가 그를 용서할 수 있었다면, 저 역시 그와 결코 헤어지지 않았을 겁니다."

이 짧은 한마디가 상대방에게 미묘한 감정의 파장을 불러일으켰다. MC가 상대의 입장에서 문제를 바라보자 시청자와 방청객은 마음의 벽을 허물고 심리적인 공감대를 형성해나갈 수 있었다. 이렇게 이 프로그램은 시청률 고공 행진을 이어갔다.

MC가 '역지사지' 능력을 발휘할 줄 안다면 혹여 진행 과정에서 작은 말실수가 나와도 감정의 골이 깊어지지 않는다. 그가 진심으로 상대의 마음을 이해해주는 것 자체가 상대에게도 자신을 돌아보고 반성하는 계기가 되어주기 때문이다. 협상 테이블에서도 마찬가지이다. 상대의 입장에서 문제를 바라보는 능력이야말로 협상을 이끄는 강력한 추진력이다. 이런 능력을 갖춘 협상가는 사실에 입각해 시비를 가리고 문제 해결 방안을 고민할 수 있다.

벼랑 끝 전술

> 협상의 압박을 전략으로 전환한다는 것은 무슨 뜻일까? 바로 심리적 압박을 상대에게 전가하고, 자신을 유리한 고지에 올려놓는 것이다.
> – 하버드 협상연구소

나세르Gamal Abdel Nasser는 이집트 2대 대통령으로 중동 현대 역사상 가장 영향력 있는 인물 중 한 명이었다. 그는 재임 기간 중 아랍 국가 간 단결과 독립을 주장했고, 비동맹 원칙에 따라 국제 사무를 처리했다. 특히 이집트에서 영국군을 철수시키고 영국의 식민 통치를 끝내기 위한 협상에서 남다른 배짱과 식견, 기지를 보여주며 이집트의 '국부國父'로 존경과 추대를 받았다.

영국은 이집트에서의 완전 철수를 피하기 위해 나세르와의 협상 초점을 기지基地 문제와 기지 작전 시 새롭게 채택할 일련의 전술적 문제 등 지엽적인 부분에 맞췄다. 하지만 나세르는 영국의 강경한 입장에 맞서 영국군의 완전 철수가 받아들여지기 전까지 다른 문제는 협의할 수 없고, 모든 군사기지가 이집트의 지휘를 따라야 한다고 주장했다.

이에 영국 협상 대표는 이집트 측이 어떤 보상을 해줄 것인지 확답하기 전까지 영국군 철수 조건과 관련된 협상에 응하지 않겠다고 밝혔다. 그럼에도 나세르는 흔들리지 않고, 과감하게 협상 중단을 선언했다.

결국 영국 당국은 이집트 측의 협상 원칙과 조건을 끝까지 고수하는 나세르의 배짱에 밀려 영국군 철수에 동의할 수밖에 없었다. 나세르는 남다른 담력과 기지로 협상의 무게와 압력을 견뎌냈고, 이집트의 식민 통치를 끝내고 민족 독립을 실현하는 데 큰 공을 세웠다.

협상은 이익을 다투는 게임이고, 협상 과정에는 늘 다양한 변수와 충돌이 존재한다. 담력과 식견이 없는 협상가는 협상의 압박을 견디지 못한 채 손해를 볼 수밖에 없다. 담력과 식견은 용기와 지혜의 결합체이다. 진정한 협상 고수는 치열한 두뇌 싸움 속에서 과감한 결단력을 발휘하고, 위기와 변수 앞에서 흔들리지 말아야 한다.

단어 하나도 전략이다

> 인간은 천성적으로 말을 할 때 자신감 넘치는 사람을 따르게 되어 있다.
> — 마오쩌둥 毛澤東

1980년 발트하임 Kurt Waldheim 유엔사무총장이 이란으로 향했다. 협상을 통해 이란과 미국 간 인질 문제의 해결책을 모색하기 위해서였다. 발트하임은 이란에 도착하자마자 기자회견을 열고 공개 담화문을 발표하며, 자신이 중재자 신분으로 타협을 시도하기 위해 왔다고 대대적으로 알렸다. 그런데 이 공개 담화문이 본격적으로 임무를 수행하기도 전에 그의 발목을 잡고 말았다. 원래 '타협'의 사전적 의미는 '양쪽이 받아들일 수 있는 절충의 도道'로, 긍정적인 단어이다. 그런데 이 '타협'을 페르시아어로 번역하면 '미덕을 손상시키다', '인격을 깎아내리다'라는 부정적 의미로 바뀌어버린다. 이런 의미 차이 탓에 이란 국민들은 발트하임의 공개 담화문에 즉각적으로 거부반응을 보였고, 격분한 몇몇 이란인들은 발트하임의 차를 에워싼 채 항의하기도 했다. 협상을 통해 위기를 해결해보고자 이란을 찾았던 발트하임은 언어 장벽을 넘지 못해 진퇴양난에 빠지고 말았다.

언어는 정보를 전달하고 생각을 나누는 기본 도구이다. 다만 똑같은 말도 다른 각도에서 보면 전혀 다른 의미로 왜곡될 수 있다. 협상가라면 기본적으로 정확한 언어 구사 능력을 갖추어야 한다. 최고의 언어 예술가가 되어 언어의 효과를 극대화할 수 있는 사람이야말로 뛰어난 협상가이다. 협상가가 표현과 전달에 신중하지 못하면 상대의 오해를 낳아 결국 협상 결렬로 이어지기 쉽다.

침 함부로 뱉지 마라

> 얼굴은 입에서 나온 말보다 더 많은 것을 이야기한다. 입에서 나온 말은 생각에 불과하지만 얼굴에서 나온 말은 생각의 본질이기 때문이다.
> — 쇼펜하우어 Arthur Schopenhauer

영국의 한 의료 기기 제조 공장과 미국 바이어가 수액관 생산 라인 도입을 두고 협의에 들어갔다. 협상은 순조롭게 진행되었고, 양측 모두 만족스러운 조건으로 합의하며 이튿날 계약서에 정식 사인을 하기로 했다.

협상이 끝난 후, 영국 공장장이 미국 바이어들을 공장으로 안내했다. 그런데 작업장을 둘러보던 중 공장장이 아무렇지도 않게 바닥 귀퉁이에 가래침을 뱉더니 신발 바닥으로 그것을 문질러댔다. 미국 바이어들은 그 모습에 경악을 금치 못했고, 돌연 계약 취소를 통보해 왔다. 그들은 공장장의 사소한 행동에서 공장의 위생 관리 실태를 미루어 짐작할 수 있었다. 더구나 수액관은 환자의 생명과 직접적으로 연관된 의료 기구였기 때문에 철저한 위생 관리는 무엇보다 중요한 계약 조건이었다.

공장장의 사소한 실수 하나가 순조롭게 진행되던 계약을 단숨에 날려버린 결정적 사유가 되고 만 셈이었다.

협상가의 말과 행동은 자신의 진심을 보여주는 거울이자 상대에 대한 존중을 의미한다. 따라서 협상가는 옷차림이 때와 장소, 목적에 맞도록 신경 써야 하고, 말과 행동을 가볍게 해서는 안 된다. 사소한 말과 행동조차 협상가의 능력과 신뢰도를 결정짓는 요인이 될 수 있기 때문이다.

겸손의 미덕이 필요할 때

겸손해져라. 그것은 다른 사람이 가장 불쾌해하지 않는 종류의 자신감이다.
— 쥘 르나르Jules Renard

재능이 뛰어난 한 청년이 있었다. 그 청년은 자신의 미래에 대한 자신감과 패기가 넘쳤고, 운 좋게 상사의 인정을 받아 런던 지사 총괄 팀장으로 발탁되었다. 발령이 나자마자 그는 업무 실적을 올리기 위해 미친 듯이 일에 매달렸다. 그런데 반년이 채 되지 않아 뉴욕 본사 관리자들에게서 그에 대한 불만이 터져 나오기 시작했다. 그들은 하나같이 그의 오만한 태도를 지적하며, 그와 협업하는 데 난색을 표했다. 젊은이의 독단적인 업무 스타일이 그들의 반감을 산 탓이었다.

얼마 지나지 않아 본사는 그에게 상세한 고객 조사 자료를 작성해 올리라고 지시했다. 그런데 본사는 한참이 지나도록 보고서를 받지 못했다. 본사에서 다시 한 번 그 일을 독촉했지만 청년은 여전히 바쁘다는 이유로 그 요구를 무시했다. 본사 책임자는 청년의 답변에 격분했고,

결국 런던에서 진행 중인 모든 업무를 중단하라는 최후통첩을 보냈다.

똑똑하고 대범했던 젊은 관리자는 그제야 사태의 심각성을 깨달았다. 그는 부리나케 본사와의 연락을 시도하며 문제를 해결해보려 했지만 이미 돌아선 책임자의 마음을 돌리기에는 역부족이었다. 어쩌다 일이 이 지경까지 된 것일까? 그의 가장 큰 실수는 바로 타인의 인정과 협조를 받지 못한 것이었다.

협상을 잘 소화하려면 자신을 인정하고, 더불어 타인의 인정과 협조를 받아낼 수 있어야 한다. 진정한 협상 고수는 눈앞의 이익에 급급해 타인의 이익과 능력을 소홀히 하지 않는다. 다른 사람이 자신을 인정하게 만든다면 그들의 힘을 빌려 협상 과정에서 맞닥뜨릴 위험 요소를 없앨 수 있다. 또한 대중의 힘을 결집시켜 위험을 분담할 수 있다면 협상에서 홀로 감당해야 하는 압박도 줄일 수 있다.

공감하는 인간,
호모 엠파티쿠스

> 자신의 열정과 경험을 대화에 녹여내는 것은 사람의 마음을 움직이기 위한 필요조건이다. 나조차 자신의 말에 감응하지 못한다면 어떻게 타인의 감동을 기대할 수 있겠는가.
> — 데일 카네기Dale Carnegie

짐은 대형 마트 구매 담당자이고, 라이더는 식품 도매상 판매원이다. 두 사람은 식품 대량 구매와 판매를 위해 가격 조율에 들어갔다. 지루한 협의를 거쳐 양쪽 이견은 간신히 2천 달러로 좁혀졌다. 짐과 라이더가 제시한 금액은 각각 2만 8천 달러와 3만 달러였다. 사실 2만 8천 달러라 해도 라이더는 기꺼이 팔 의향이 있었다. 마찬가지로 라이더가 제시한 3만 달러 역시 짐이 예측한 최고 가격 3만 1천 달러보다 낮은 수준이었다. 그러나 두 사람은 상대에게 양보할 여지가 있음을 알지 못한 채 서로 눈치만 보며 끝까지 가격 차를 좁히지 못했다.

짐   라이더, 아무래도 이번 거래는 접는 수밖에 없겠어요. 하루 종일 입씨름을 벌이고도 가격 차를 좁히지 못하고 있으니

난들 어쩌겠습니까.

라이더 짐, 내가 제시한 가격은 내 능력으로 줄 수 있는 최저 가격이에요. 다른 곳에 간다고 더 낮은 가격이 있을 것 같은가요?

짐 그거야 모를 일이죠. 물건 파는 사람이 어디 라이더 씨 한 명뿐이겠어요? 설마 고작 2천 달러 때문에 거래를 다른 사람에게 넘기려는 건 아니겠죠?

라이더 거래가 성사되고 안 되고는 하늘의 뜻에 달렸겠죠. 그게 억지로 떠민다고 되겠어요? 거래가 성사되면 돈을 좀 벌 것이고, 안 돼도 손해 볼 것은 없습니다.

짐 라이더 씨, 솔직히 말해서 당신이 제시한 가격은 나 혼자 결정할 수 있는 부분이 아닙니다. 일단 다른 점주에게 2만 8천5백 달러에 이 식품을 구매할 수 있는지 물어봐야겠죠. 하지만 내가 다른 점주에게 연락을 하기 전에 우리의 거래가 잘 마무리된다면 더할 나위 없이 좋겠어요.

라이더 나도 그러길 바랍니다. 하지만 3만 달러에서 더 낮출 수는 없어요.

짐 라이더 씨, 고작 1,500달러 때문에 이 거래를 포기할 생각인 거예요? 설마 정말 그럴 생각을 했단 말인가요? 우리 상점 규모가 점점 확대되고 있어서 앞으로 거래가 더 많아질 텐데도요?

라이더 (안타까운 표정으로) 어쩔 수 없군요. 다른 상점에 연락을 해보는 게 좋겠어요. 단 한 가지 분명히 해두죠. 다른 상점과의 거래에 실패해도 다시 날 찾아올 생각은 하지 마세요.

얼마 후 짐이 다시 전화를 걸어왔다.

짐 라이더 씨, 내가 운이 좋았어요. 그곳에서 2만 8천5백 달러에 물건을 팔기로 했습니다.

우리는 감성이 협상에 미치는 역할에 주목해야 한다. 만약 협상가가 협의 과정에서 자신의 이익만을 내세우며 냉정하게 상대를 대한다면, 결국 상대의 반감을 사게 되고 협상은 결렬되고 말 것이다. 감성은 사람 사이의 거리를 좁히고, 분위기를 부드럽게 만드는 일등 공신이다. 감성을 효율적으로 쓸 줄 아는 협상가는 상대의 마음을 정확히 파악함으로써 협상을 자신에게 유리하게 이끌 수 있다.

어떻게 여우를
길들일 것인가

주파수 찾기

'여전히 기본 입장을 고수하지만 이 문제에 대해 공동의 해결 방안을 모색하고 있다'는 의사가 전달될수록 상대의 말과 행동에 더 신뢰가 가고, 최상의 협의에 도달할 것처럼 느껴진다.
– 하버드 협상연구소

 신상 인라인스케이트가 보통 300달러에 팔리던 때의 이야기이다. 한 장사꾼이 길가에 좌판을 깔고 190달러에 인라인스케이트를 팔았다. 마침 그곳을 지나가던 한 사람이 기분 나쁜 어투로 160달러에 주면 물건을 사겠다며 다짜고짜 흥정을 걸었다. 기분이 상한 장사꾼은 그 가격에는 절대 못 판다고 매몰차게 대답했다.
 얼마 후 한 남자가 좌판 옆을 지나다가 아내에게 아들의 인라인스케이트를 사주고 싶다고 말했다. 남자는 아까 시장을 지나오다 한 상점에서 한 켤레에 130달러인 인라인스케이트를 봤다며 다시 한 번 가보자고 했다. 되돌아가려던 두 사람의 눈에 그제야 좌판에서 파는 인라인스케이트가 들어왔다. 남자는 얼른 좌판으로 다가와 가격을 확인한 후, 예의를 갖춰 스케이트를 130달러에 팔 수 있는지 물어보았다. 그는 아들에게 인라인스케이트를 사주고 싶은 마음이 굴뚝같은데 좀 전에 다른 것을 사느라 여윳돈이 별로 없다는 말도 덧붙였다. 이렇게 남자는 자신의 주머니 사정을 구구절절 장사꾼에게 들려주며 양해를 구했다.

잠시 후, 장사꾼은 기분 좋게 웃으며 물건을 담아주었다. 그는 130달러면 손해 보는 장사라고 말하면서도 남자가 제시한 가격에 주저하지 않고 인라인스케이트를 팔았다.

상대가 흥정할 마음이 있는지 알아보고 싶다면 반드시 먼저 신호를 보내야 한다. 또한 신호를 보내고 나서는 상대가 그 신호에 반응할 시간을 주되, 자신의 의도와 목표를 절대 들켜서는 안 된다. 자칫 잘못하면 상대가 협상가의 신호를 거부할 위험이 있기 때문이다. 먼저 신호를 보냈다면 그 후에는 상대가 스스로 결정을 내리도록 하는 것이 가장 좋다.

시간 끌기

> 의지가 강하면 세상을 손아귀에 넣고 진흙처럼
> 마음대로 주무를 수 있다.
> – 괴테

    1980년대 말, 실리콘밸리의 모 전자회사가 신형 집적회로를 만드는 데 성공했다. 당시 회사는 부채 누적으로 언제 파산할지 모를 위기에 처해 있었고, 이 신형 집적회로는 회사를 벼랑 끝에서 구해낼 유일한 희망이었다. 하지만 이 첨단 기술은 아직 업계와 대중의 인정을 받지 못한 상태였다. 그러던 중 유럽의 한 회사가 러브콜을 보내왔다. 그 회사는 기술이전 협약을 위해 전문가 세 명을 실리콘밸리로 파견했다.
    유럽 회사는 이 기술에 지대한 관심을 보였다. 하지만 그들이 최초로 제시한 가격은 신형 집적회로를 개발하는 데 든 비용의 3분의 2 수준에 불과했다. 전자회사 협상 대표는 유럽 측의 입찰가를 듣자마자 자리에서 벌떡 일어났다.
    "여러분, 오늘 협상은 여기서 마무리 짓겠습니다!"

협상이 시작되고 끝나기까지 걸린 시간은 고작 3분이었다. 그런데 그날 오후 유럽 회사 대표가 협상을 재개하고 싶다는 뜻을 전해 왔다. 이때 유럽 측 대표의 태도는 상당히 호의적이었고, 그가 이번 합작에 얼마나 공을 들이고 있는지 충분히 전해질 정도였다. 결국 이 전자회사의 신형 집적회로 특허권은 비교적 높은 가격에 유럽 회사로 이전되었다.

모든 협상이 끝난 후, 실리콘밸리 전자회사 협상 대표는 당시 과감히 1차 협상을 마무리 지었던 이유를 설명했다. 그는 유럽 회사 대표가 비행기를 타고 대서양을 건너 미국까지 온 이상 결코 쉽사리 협상을 포기하지 않으리라고 확신했다는 것이다. 이 확신을 근거로 그는 단호하게 협상을 중단해 유럽 측의 의지를 꺾고, 협상 테이블의 주도권을 손에 쥐었다.

상대의 의지를 무력화할 때 자주 사용되는 방법 중 하나가 바로 '시간 끌기'이다. 협상가는 갑자기 협상을 중단하고 상대의 요구에 응하지 않거나 모호한 태도를 보이는 방식으로 보이지 않는 압력을 가할 수 있다. 다만 하버드 협상 연구소는 시간 끌기 전략을 쓰기 위한 두 가지 전제 조건을 내세웠다. 첫째, 자신의 결심이 확고부동하다는 인상을 심어주어야 한다. 둘째, 상대가 감당할 수 있을 만큼의 압력을 가해야 한다.

자존심 세워주기

> 원만한 인간관계를 위해 지켜야 할 원칙은 바로 상대의 가치를 진심으로 인정하고, 그것을 상대도 느끼게 하는 것이다.
> – 데일 카네기

뉴욕의 한 전화국에 골칫거리가 생겼다. 까다로운 고객 한 명이 고객센터 상담원의 서비스에 불만을 토로하며 전화 요금 납부를 거부한 것이다. 이 고객은 전화국이 청구한 요금에 비해 자신이 받은 서비스 질이 형편없었다면서 전화선을 끊어버리겠다, 고소하겠다 하고 난리를 피웠다.

전화국은 고객과의 갈등을 원만히 해결하기 위해 중재자를 보냈다. 고객은 중재자를 만나기 무섭게 자신의 분노를 더 직설적으로 드러내며 흥분을 가라앉히지 못했다. 그런데 중재자는 세 번의 방문이 이어지는 동안 고객이 쏟아내는 불만을 묵묵히 들어주며 호응만 할 뿐이었다. 그는 회사의 입장을 대변하거나 고객을 설득하려는 그 어떤 행동과 말도 하지 않았다. 네 번째 만남에서 중재자는 고객이 '고객권리보

호협회'를 설립할 계획이라는 말을 듣고도 기꺼이 그를 지지했고, 자신 또한 그 협회에 가입하겠노라 약속까지 했다. 이렇게 네 번의 만남이 이루어지는 동안 고객은 자기 편에 서서 말 한 마디 한 마디에 귀를 기울여준 중재자에게 점점 마음을 열기 시작했고, 결국 그의 태도에도 변화가 나타났다. 두 사람은 불만을 터놓고 들어주는 관계에 익숙해졌고, 어느새 적에서 서로의 마음을 이해해주는 동지가 되어가고 있었다. 이렇게 서로에게 마음을 열고 나자 합의는 물 흐르듯 자연스럽게 이루어졌다. 마음이 풀린 고객은 전화국이 청구한 요금을 모두 지불했고, 스스로 고소를 취하했다.

이 고객이 전화국과의 싸움에서 원한 것은 존중이었다. 그래서 중재자는 인내심 있게 끝까지 고객의 불만에 귀를 기울였던 것이다. 그 결과 고객은 상처받았던 자존심을 회복하고, 자신이 존중받는다고 느낄 수 있었다. 이것이 바로 양측이 순조롭게 타협점을 찾는 기폭제가 되어주었다. 자존심이 강한 사람은 늘 자신감 넘치고 자신이 남들과 다르다는 생각에 사로잡혀 있다. 이런 부류를 상대하려면 무엇보다 그 사람의 자존심이 꺾이는 일이 없도록 해야 한다. 그래야만 적을 동지로 만들어 협상을 좀 더 유리하게 이끌어갈 수 있다.

프로파일링

> 협상에 대한 두려움은 늘 우리를 따라다녀. 이런 두려움이 타협과 아첨을 낳고 결국 우리를 목표에서 점점 멀어지게 만들지. 사실 협상 능력은 타고나는 것이 아니라 배워서 몸에 배는 거겠지. 그러려면 인간의 심리를 간파하고, 열린 사고를 가져야 한다고.
> – 영화 〈제리 맥과이어 Jerry Maguire〉 중

미국 유명 소설가 마크 트웨인 Mark Twain은 기행문 《마크 트웨인 여행기 The Innocents Abroad》에서 1인칭 기법을 통해 협상의 묘미를 다음과 같이 유머러스하게 전하고 있다.

지브롤터 Gibraltar에 도착한 후 나와 톰은 외과 의사와 함께 배에서 내려 인근 잡화점으로 향했다. 나는 그곳에서 양가죽 장갑을 살 작정이었다. 한참 구경을 하고 있는데, 아리따운 아가씨가 다가와 파란색 장갑이 가장 잘 어울린다고 해주었다. 고운 아가씨가 그렇게 말해주니 나도 파란 장갑이 제일 예뻐 보이기 시작했다. 나는 얼른 왼손에 장갑을 껴보았지만 사이즈가 너무 작은 것 같았다. 그런데 아리따운 아가씨는 그게 내 손에 딱 맞는다고 말해주었다. 속으로는 장갑이 너무 꽉

낀다고 생각하면서도 그녀의 말에 홀려 금세 기분이 좋아진 나는 다시 장갑을 억지로 손에 껴 넣어보았지만 쉽게 들어가질 않았다. 하지만 아리따운 아가씨의 생각은 달랐나 보다.

"손님은 양가죽 장갑에 금방 익숙해지신 것 같아요. 다른 분들은 처음에 장갑을 잘 못 껴서 고생하시거든요."

그녀는 내가 장갑을 잘 못 끼는 것을 분명히 보고도 이런 달콤한 말로 나를 치켜세워 주었다. 나는 그녀에게 흉한 꼴을 보이고 싶지 않아 있는 힘껏 장갑을 손에 껴 넣었다. 그러자 힘을 너무 과하게 썼는지 장갑의 엄지손가락 이음매가 터져버렸고, 나는 그것을 가리기 위해 진땀을 흘려야 했다.

아리따운 아가씨는 알면서도 모르는 척 한사코 장갑이 나에게 어울린다며 칭찬을 아끼지 않았다. 그녀가 입에 침이 마르도록 칭찬을 쏟아내자, 나는 장갑을 벗어 다시 제자리에 돌려놓고 그곳을 나올 용기가 차마 나지 않았다. 더구나 톰과 의사도 내가 어떻게 할지, 재미나다는 듯 지켜보고 있는 게 아닌가. 나는 어쩔 수 없이 짐짓 마음에 드는 체해야 했다.

"장갑을 껴보니 정말 나한테 딱 맞네요. 아주 마음에 듭니다. 그런데 상점이 너무 더워서 장갑은 나가서 껴야겠네요."

나는 돈을 지불한 후 부리나케 상점을 빠져나왔다. 그리고 길목을 돌아서 상점이 보이지 않는 순간, 방금 산 장갑을 거들떠보지도 않은 채 쓰레기통에 던져버렸다.

협상은 사람 간의 힘겨루기이고, 심리와 감정 싸움이 그 안을 가득 채우고 있다. 협상가라면 상대의 인생, 즉 일과 삶을 통해 오랜 시간 축적된 심리적 요소들의 특징을 분석하여 그 발전 추이를 간파해야 한다. 심리적 반응과 변화에 주목하고, 그 속에서 다음 행동을 추론해내는 것이야말로 협상가의 역할이다.

합법적 신분을
활용하라

> 개인의 역량을 좌우하는 첫 번째 요소는 합법적 권리와 권위이다. 직함이 있는 사람은 누구나 합법적 권리와 권위를 갖게 되고, 강력한 영향력을 발휘할 수 있다.
> – 로저 도슨

줄리아는 서던캘리포니아 대학교University of Southern California에서 경영학을 전공하고, 졸업 후 딘 위터Dean Witter에 입사해 베벌리힐스 지사로 출근하게 되었다. 어느 날 줄리아는 아버지에게 자신이 조만간 딘 위터의 매니저가 될 거라고 호언장담했다. 아버지는 걱정스러운 눈빛으로 딸에게 충고를 해주었다.

"얘야, 꿈은 크게 가져야 한다지만 현실과 너무 동떨어져서는 안 되지 않겠니? 더구나 딘 위터처럼 큰 회사에서 몇 년 안에 매니저 자리까지 오른다는 건 하늘의 별 따기처럼 어려운 일이란다."

줄리아는 아버지의 충고에 전혀 개의치 않았다.

"아뇨. 제 생각에는 올 연말 정도면 충분히 매니저가 될 수 있을 것 같아요."

아버지가 궁금한 듯 물었다.

"딘 위터에 매니저가 대체 몇 명이나 되니?"

줄리아가 대답했다.

"정확한 숫자는 모르겠지만 아마 몇천 명은 될 걸요? 우리 사무실에만도 35명이 있으니까요."

딘 위터 사장은 직함이 주는 권위를 누구보다 잘 아는 사람이었던 것이다.

직함이 있는 사람은 합법적 권리를 바탕으로 사람들에게 영향력을 발휘할 수 있다. 그래서 협상가라면 명함이나 편지 봉투에 자신의 직함을 드러내는 것이 가장 좋다. 직함이 상대에게 영향력을 행사하기 때문이다. 만약 명함에 그럴싸한 무게의 직함이 적혀 있지 않은 협상가라면 자신의 합법적 지위를 높이기 위해 온갖 방법을 강구해야 한다. 가능하다면 협상가는 스스로 허리를 숙여 찾아가기보다 상대가 직접 자신을 찾아오게 해야 한다.

첫인상이 끝인상

예의는 참으로 미묘해서, 없어서도 안 되지만
지나치게 얽매여도 문제가 된다.
— 베이컨Francis Bacon

톰은 동료와 함께 영국으로 출장을 갔다. 아침 식사를 마친 후, 톰의 동료가 신문을 사러 밖으로 나갔다. 그런데 몇 분 후 돌아온 그의 손에는 신문이 들려 있지 않았다. 톰이 이유를 묻자 그는 짜증 섞인 목소리로 자초지종을 말해주었다.

톰의 동료는 호텔 맞은편에 있는 가판대에서 신문을 집은 후 주인에게 10파운드를 건넸다. 그러자 주인은 돈을 거슬러주기는커녕 도리어 인상을 찌푸리며 신문을 뺏어 들고 큰소리로 면박을 주었다.

"아침 댓바람부터 재수가 없으려니까! 이봐요, 내가 그쪽 지폐를 잔돈으로 바꿔주려고 이른 아침부터 가게 문 연 줄 아쇼? 거슬러줄 돈 따위 없으니 딴 데 가서 알아보라고!"

이런 불쾌한 경험을 해서인지 톰의 동료는 영국인이 모두 '오만하고 무례하다'며 치를 떨었다.

톰은 동료의 말을 듣고 그의 잘못된 편견을 깨주고 싶었다. 그래서 동료를 호텔 입구로 데리고 나가 자신이 어떻게 신문을 사는지 지켜보라고 했다. 톰은 가판대로 걸어가 예의를 갖춰 주인에게 말했다.

"선생님, 제가 〈타임〉 지를 꼭 사야 하는데 어젯밤에 출장을 온 탓에 10파운드짜리 지폐밖에 없네요. 아침부터 죄송하지만 신문 한 부만 살 수 있을까요?"

그러자 주인은 대수롭지 않다는 듯 신문 한 부를 톰에게 건네며 말했다.

"가져가세요. 돈은 이따 잔돈이 생기면 그때 갖다 줘도 됩니다!"

예의는 타인과의 교류를 평등하게 엮어주는 매개체이다. 각자의 이익에 급급해 예의를 깨뜨리면 양쪽 모두에게 득이 되지 못한다. 예의를 갖춘 협상은 분위기를 부드럽게 만들어 서로에게 좋은 인상을 남길 수 있다. 설사 합의를 이끌어내지 못했다 해도 지속적인 협력 가능성을 남겨둘 수 있다.

공신력 있는 집단의 힘

혼자서 할 수 없는 일도 함께라면 가능하다. 지혜, 두 손, 힘이 합쳐지면 만능에 가까운 위력을 발휘하게 된다.
— 대니얼 웹스터 Daniel Webster

협상 전문가 허브 코헨이 부동산 중개업체에서 법정 계약의 최종 승인 절차를 담당할 때였다. 사람들은 계약에 아무 문제가 없음을 확인하고 나면 바로 그를 찾아가 매매계약 혹은 임대계약에 함께 서명했다. 이때 대부분의 사람들은 계약서를 읽어보지도 않고 바로 서명하고 보증금을 지불했다. 반면, 극소수에 불과하지만 서명하기 전 계약서 내용을 꼼꼼히 확인하기를 원하는 사람들도 있었다. 그들은 이것이야말로 법률이 부여한 자신의 권리라고 여겼다. 그중 누군가는 계약서를 절반 정도 읽어 내려갔을 때쯤 한 가지 의문을 제기했다.

"이 계약대로라면 임대 기간 내내 임대인의 의무를 다해야 한다는 내용밖에 보이지 않는군요."

이때 허브 코헨은 주저 없이 이렇게 대답한다.

"이것은 표준계약서입니다. 우측 하단을 보시면 시중에 통용되고 있는 계약 일련번호가 보이실 겁니다."

그러면 고객은 통상적으로 이런 반응을 보인다.

"표준계약이로군요. 그렇다면……."

그리고 설사 계약에 의문을 제기했던 사람일지라도 결국 서명하게 된다. 그들은 일련번호에 굴복할 수밖에 없기 때문이다. 비록 인쇄된 몇 자리 수에 불과하더라도 이 번호의 신뢰도는 그 어떤 설득의 말보다 강력하다. 만약 이것만으로 부족하다면 허브 코헨은 이런 말로 쐐기를 박으며 고객의 의심을 철저히 차단해버린다.

"공증인이 내용 수정에 동의하지 않을 겁니다."

계약서에 '공증인'의 이름을 내걸면 불합리해 보이던 모든 것이 합리적으로 보일 만큼 그 권위에 대한 신뢰도는 높다. 협상의 관점에서 볼 때 허브 코헨은 '공증인'처럼 공신력 있는 집단의 힘을 빌려 목적을 달성한 셈이다.

협상 과정에서 상대의 신뢰와 인정을 얻어내는 것이 개인의 능력 밖의 일인 경우가 종종 있다. 이럴 때 필요한 것이 바로 공신력 있는 집단의 힘이며, 자신을 위해 이를 적절히 활용할 줄 알아야 한다. 능력 있는 협상가라면 협상 사안에 대한 전문성과 일정 수준의 공신력, 지위를 갖춘 사람이나 집단의 힘을 빌려서라도 상대의 말이나 무리한 요구를 반박할 수 있어야 한다.

단서는 리액션에 있다

정보의 총 효과 = 언어 7% + 청각 38% + 시각 55%
― 앨버트 메라비언Albert Mehrabian

모 회사 영업 팀장이 3년 차 부하 직원과 함께 술을 마시러 갔다. 술자리에서 팀장은 그동안 바쁜 업무 탓에 직원들과 효율적으로 소통하지 못했다며 한숨을 내쉬었다. 그러고는 술자리를 빌려 직원에게 여러 가지 영업 원칙과 노하우를 알려주었다. 팀장은 그간 못 해주었던 말을 다 하고 나니 속이 뻥 뚫린 듯 후련해졌다. '이렇게까지 했으니 평소 부족했던 소통이 충분히 이루어졌겠지' 하고 생각했다. 부하 직원에게 소홀했다는 양심의 가책도 이제는 훌훌 벗어던질 수 있을 것 같았다.

다음 날 오전, 그 젊은 부하 직원은 팀장에게 사직서를 제출했다. 팀장은 그의 사직서를 보는 순간 놀라움을 넘어 분노를 느꼈다.

"왜 어제 말하지 않았나? 요즘 젊은 사람들은 도대체 무슨 생각인지, 정말 알다가도 모르겠군."

사실 팀장은 부하 직원과의 소통 과정에서 자신이 많은 것을 해주었다고 여겼다. 하지만 그는 그 직원의 반응을 전혀 감지하지 못했다. 당시 술자리에서 부하 직원은 그에게 회사를 그만두겠다는 말을 하기 위해 여러 차례 어렵사리 입을 열었다.

"실은 제가······."

"저기······."

"그러니까 제가······."

하지만 팀장은 그의 반응을 무시한 채 계속 자기 말만 할 뿐이었다. 결국 부하 직원은 적절한 기회를 찾지 못한 채 우물쭈물하며 그 말을 속으로 삼켜야 했다.

사람은 의사소통 과정에서 다양한 리액션을 보인다. 이런 리액션은 말, 표정, 제스처 등으로 표현된다. 협상가는 상대의 리액션을 날카롭게 포착하고, 순발력 있게 소통에 이용해 제때 최상의 처방을 내릴 줄 알아야 한다.

호의는
최대한 베풀어라

은혜는 마치 갈고리와 같다. 이 갈고리를 덥석
물면 그것을 쥐고 있는 자의 뜻대로 움직일 수
밖에 없다.
— 존 던John Donne

제임스는 해고를 당한 후 어렵게 회사를 창업했다. 하지만 아직 자리를 잡지 못한 탓에 고객의 발길은 뜸했고, 그의 시름은 점점 깊어졌다. 그러던 어느 날 이전 회사 사장이 그에게 도움의 손길을 내밀었다. 사장은 제임스에게 직접 전화를 걸어 하청을 맡겼다. 그 전까지 두 사람은 특별히 친한 사이도 아니었고, 가끔 모임에서 만나면 대화를 나누는 것이 전부였다.

사장은 제임스에게 구체적인 스케줄, 관련 자료와 견적서를 준비해 회사로 직접 와달라고 요청했다. 그 말을 들은 제임스는 의아해졌다. 견적서는 메일로 보내는 것이 일반적이었기 때문이었다.

어쨌든 그런 문제는 중요하지 않았다. 지금 제임스는 그가 하청을 맡겨준 것만으로도 감지덕지했다. 그래서 모든 자료를 완벽하게 준비해 사장을 만나러 갔다. 그런데 사장은 제임스를 만난 후 견적서를 보지도 않은 채 비서를 시켜 사업 대금을 지불하게 했다.

제임스의 실력이 다른 경쟁사를 제칠 만큼 출중한 것도 아니었다. 그럼에도 사장은 그에게 하청을 맡겼고, 모든 대금을 먼저 지불해주었다. 제임스의 어려운 상황을 누구보다 잘 알고 있었기 때문이다. 그의 배려는 제임스의 사업이 안정 궤도에 접어들 때까지 꽤 오랜 시간 지속되었다.

사장의 도움이 제임스에게 국한된 것만은 아니었다. 그는 어려움에 처한 다른 사람들에게도 똑같이 도움의 손길을 내밀었다. 설령 그 후 사장과 그들 사이에 사업상 거래가 없었다 해도 상관없었다. 때가 되면 그들은 누구보다 먼저 나서서 보답을 하게 될 것이기 때문이다.

협상 과정에서 양측이 서로에게 신뢰와 호감이 있다면 훨씬 순조롭게 거래를 성사시킬 수 있다. 만약 협상가가 도움을 필요로 하는 사람들을 위해 조건 없이 은혜를 베풀 줄 안다면 언젠가 그가 나누어준 온정이 강력한 힘을 발휘할 것이다.

3강

원칙이 꼼수를 이긴다

먼저
제시하지 마라

> 바이어가 먼저 가격을 제시할 때까지 기다린 후 조율에 들어가라.
> – 로저 도슨

비틀스The Beatles 매니저 브라이언 엡스타인Brian Epstein이 비틀스의 첫 영화를 계약할 때의 이야기이다. 당시 예술가 연맹은 젊은이의 자유, 도전, 열정을 담은 영화 제작에 3만 달러를 투자할 계획이었다. 제작자가 엡스타인에게 제시한 금액은 2만 5천 달러와 수익 일부였다. 제작자는 비틀스 측이 이 출연료에 합의하면 수익의 25퍼센트까지 지급할 생각이었다. 하지만 협회에서 보낸 협상 대표는 그 분야에서 산전수전을 다 겪은 협상 고수였다. 그는 일단 협회 입장을 숨긴 채 엡스타인에게 원하는 바를 말해보라고 했다. 그때까지만 해도 엡스타인은 업계 상황을 잘 모르는 데다 거액의 돈을 만져보지 못한 애송이였다. 그는 무조건 계약을 따내야 한다는 생각으로 단호하게 7.5퍼센트에서 단 한 푼도 깎을 수 없다고 못을 박았다. 결국 엡스타인이 맺은 계약 때문에 비틀스는 영화 〈하드 데이즈 나이트 A Hard Day's Night〉의 흥행 성공과 상관없이 수백만 달러의 손해를 보아야 했다.

협상의 기본 원칙은 상대가 먼저 가격을 제시하기 전까지 자신의 패를 드러내지 않는 것이다. 상대에게 공을 넘기면 흥정의 폭이 훨씬 넓어지고, 절충을 한다 해도 자신이 원하는 것을 얻을 확률이 훨씬 높아진다. 이때 반드시 지켜야 할 원칙이 하나 더 있다. 설사 상대가 제시한 가격이 자신이 생각한 목표액에 근접하다 해도 흥정을 멈춰서는 안 된다는 것이다.

첫 제안은 묻지도
따지지도 말고 거절하라

> 상대가 흥정을 위해 처음 제안한 가격은 영원히 받아들이지 마라.
> – 로저 도슨

로저 도슨은 서던캘리포니아의 한 부동산 회사 사장이었을 때 잡지사 광고 영업사원의 방문을 받았다. 로저는 그 잡지사에 대해 아주 잘 알고 있었던 터라, 이미 회사 광고를 그 잡지에 게재하기로 마음먹은 상태였다.

당시 영업사원이 제안한 가격은 2천 달러로, 로저가 보기에도 꽤 적정한 가격이었다. 그렇지만 타고난 협상가인 로저가 순순히 그의 제안을 받아들일 리 없었다. 로저는 자신만의 협상 노하우를 십분 발휘해 광고료를 800달러로 낮추는 데 성공했다. 그러고도 로저는 잡지 광고 계약을 즉각 수락하지 않았다. 그가 보기에는 아직 협상의 여지가 있었던 것이다. 로저는 800달러면 적정한 광고료라 생각하지만 경영진의 결정이 남아 있다며 영업사원의 애를 태웠다.

로저는 며칠이 지나서야 잡지사 영업사원에게 전화를 걸었다. 그는 회사 경영진이 800달러의 광고료에 이의를 제기했고, 요즘 회사 재정 상황이 좋지 않아 다들 난색을 표했다고 전했다. 또한 경영진이 제시한 가격이 너무 턱없이 낮아 차마 말하기 미안하다는 말도 덧붙였다. 수화기 너머로 한동안 침묵이 이어지고 나서야 영업사원은 경영진이 제시한 가격이 얼마인지 물어보았다. 로저는 미안한 목소리로 500달러라고 대답했다.

그런데 놀랍게도 영업사원은 그 어떤 이의도 제기하지 않은 채 그 가격을 수락했다. 그 순간 로저는 자신이 속았다는 생각이 들면서 가격을 좀 더 낮출 수도 있었을 거라는 확신이 들었다.

훗날 로저는 어느 강연장에서 그때의 일을 거론했는데, 그 잡지사 사원도 청중으로 그의 강연을 듣고 있었다. 사원은 강연이 끝나기 무섭게 로저를 찾아갔다. 로저는 그를 보는 순간 한바탕 욕 세례가 이어지리라 예상했다. 그런데 영업사원은 오히려 로저의 손을 맞잡고 미소 지으며 감사 인사를 전했다. 지금까지 그는 세일즈를 할 때마다 거래를 성사시키는 데 급급했고, 조급한 마음이 고객에게 어떤 영향을 미치는지 전혀 눈치채지 못했다. 그는 로저의 강연을 듣고 나서야 조급함이 자신의 약점을 들키고, 손해로 이어지게 한 결정적 원인이었다는 사실을 깨달았다.

상대가 자신이 처음 제시한 가격을 덥석 받아들인다면 만족스럽기는커녕 괜히 자신이 손해 보는 느낌이 들 때가 많다. 이런 느낌은 꼭 가격과 연관된 것은 아니며, 상대의 수용 방식 때문에 나타나기도 한다. 그래서 협상의 고수는 쉽게 상대의 제안을 받아들이지 않는다.

  사실 처음 제시한 가격을 거절하기 쉽지 않을 때도 있다. 특히 긴 시간 동안 지지부진 이어진 협상 탓에 포기를 고려하고 있을 때쯤이라면 더욱 그렇다. 이럴 때 상대가 돌연 적정 가격을 제시한다면 덥석 그 먹이를 물기 쉽다. 하버드 협상연구소는 이런 상황일수록 한 발자국 뒤로 물러서서 최대한 대답을 아끼고 상황의 추이를 지켜보라고 충고한다.

숨어 있는
공동 이익 찾기

> 대립하는 입장의 배후에는 상호 충돌 이익뿐 아니라 공동 이익도 숨어 있다.
> – 하버드 협상연구소

미국 존슨Johnson 사 연구개발팀 팀장이 한 유명 회사에서 분석기를 구매했다. 그런데 몇 개월 만에 3달러도 채 되지 않는 부품이 망가지고 말았다. 존슨 사는 이 회사가 무상으로 부품을 교체해줄 거라고 생각했다. 그런데 뜻밖에도 회사는 존슨 사의 부주의로 부품이 망가졌다면서 무상 교체를 거절했다.

그 후 양측은 길고 긴 공방전에 돌입했고, 전문 기술자들까지 동원해 부품 고장 원인을 찾아냈다. 그 결과 부품이 망가진 책임이 존슨 사에 있다는 결론이 나왔다. 분석기 회사는 협상에서 승리를 거두었다. 하지만 이후 존슨 사는 무려 20년 동안 그 회사 제품을 일절 구매하지 않았다. 심지어 회사 직원들에게조차 그 회사 제품 구매를 금지하는 등, 그 어떤 업무상 거래도 허용하지 않았다.

대립하는 입장의 배후에는 상호 충돌 이익뿐 아니라 공동 이익도 숨어 있다. 그래서 협상가는 일시적 이익에 눈이 멀어 장기적이고 잠재적인 공동 이익을 놓쳐서는 안 된다.

누구나 입장 차이가 생기면 서로의 이익 면에서도 충돌을 피할 수 없다고 착각하기 쉽다. 그러다 보니 자기 이익을 지키기 위해 상대 이익을 공격할 방법을 찾으려 혈안이 된다. 하지만 서로의 입장 뒤에 숨은 공동 이익에 주목하면 그 장기적 공동 이익이 눈앞의 대립하는 이익보다 훨씬 크다는 사실을 발견할 것이다.

감정에 휘둘리지 마라

협상 중에는 항상 현안에 집중해야 하고, 상대의
행동에 생각과 시선이 분산되어서는 안 된다.
– 로저 도슨

한 사내가 새로운 설비를 들이고 회사 규모를 확장하기 위해 기존 창고를 매각하기로 했다. 그가 처음 제시한 매각가는 330만 달러였다. 그런데 한 사람만이 90만 달러를 제안했을 뿐, 창고를 제값에 사겠다는 사람이 나타나지 않았다. 마음이 조급해진 사내는 어쩔 수 없이 창고를 90만 달러에 파는 데 동의해야 했다. 물론 이조차도 쉬운 일이 아니었다. 창고를 매입하겠다던 사람이 마지막 순간에 마음을 바꾸면서 모든 일이 수포로 돌아간 것이다.

몇 주 후, 사내의 친구가 300만 달러를 제시한 매입자 한 명을 소개해주었다. 그는 마지막 결정에 앞서 창고 안을 꼼꼼히 둘러보았다. 이때 사내는 철제 책상과 의자, 캐비닛은 별도로 비용을 지불해야 하고, 목제 책상과 의자만 매매가에 포함된다고 설명했다. 그때까지만 해도 매입자 역시 그의 말에 동의하는 듯했다. 하지만 막상 계약을 할 때가 되자 매입자가 말을 바꿨다. 그는 분명히 창고 안의 모든 책상과 의자가 매매가에 포함됐다고 들었다며 고집을 피웠다. 사내는 자신이 거짓말을 한 것처럼 말하는 매입자에게 화가 치밀어 올랐다. 두 사람은 그 문제로 언쟁을 벌였고, 거래가 불발로 끝날 위기까지 내몰리고 말았다.

그러자 그들을 지켜보던 사내의 친구가 사내를 조용히 밖으로 불러내어 따끔하게 충고했다.

"정신 차려! 얼마 전까지만 해도 90만 달러에 팔리던 창고 아니었어? 300만 달러에 팔 기회가 왔는데 놓치려고 작정한 거야? 그것도 몇 푼 되지도 않는 의자랑 책상 나부랭이 때문에?"

사내는 그 말에 정신이 번쩍 들었다. 그러고는 아무런 논쟁 없이 큰 선심이라도 쓰듯 모든 책상과 의자를 공짜로 넘겨주었다.

협상을 하다 보면 상대의 행동에 정신이 흐트러지는 경우가 많다. 하지만 협상 고수는 오로지 주어진 현안에만 온 신경을 집중할 뿐, 그 무엇도 돌아보지 않는다.

협상 테이블에서 주어진 문제에 집중하지 못하는 가장 큰 요인은 무엇일까? 그것은 바로 감정적인 태도이다. 어떤 협상가는 상대의 교섭 방식이나 언행이 거슬리고 마음에 들지 않아 주의력이 흐트러지고, 결국 협상을 파국으로 치닫게 한다. 협상의 대가는 남보다 더 똑똑하고 대단한 것이 아니라, 감정에 휘둘리지 않는 집중력이 남달라 그 자리에 오른 것이다.

협상의 핵심이
언제나 '이것'은 아니다

돈을 하나님으로 섬기면 그것이 마귀처럼 당신
을 황폐케 할 것이다.
— 헨리 필딩Henry Fielding

잡지를 보던 한 중년 부부가 광고에 인테리어 소품으로 등장한 괘종시계에서 눈을 떼지 못했다. 그 고풍스럽고 아름다운 시계가 집 안 분위기를 한층 멋스럽게 바꿔줄 것만 같았다. 그들은 골동품 상점을 둘러보고 500달러 선에서 시계를 구입하기로 했다.

3개월 동안 찾아 헤맨 끝에 두 사람은 한 골동품 전시회장에서 잡지에서 본 것과 똑같은 괘종시계를 발견할 수 있었다. 그런데 가격표에 적힌 가격은 무려 750달러였다. 아내는 선뜻 구매하기 힘든 가격에 마음을 접으려 했다. 하지만 남편은 그동안 쏟아부은 시간과 노력을 생각해서라도 쉽게 포기할 수 없었다. 그는 일단 흥정이라도 해보기로 하고 판매자를 찾아가 어렵게 입을 열었다.

"이 괘종시계는 전시회장에서 팔려고 준비 중인 상품이죠? 가격표를 보니 750달러라고 적혀 있던데 좀 깎아줄 수 없나요? 자세히 보니 군데군데 흠도 있고, 바늘도 좀 휜 것 같은데……. 250달러에 살 수 있을까요?"

판매자는 터무니없는 소리라는 기색조차 없이 흔쾌히 동의했다.

문제는 그때부터였다. 부부는 250달러의 싼 가격으로 시계를 사고도 뛸 듯이 기쁜 마음이 들지 않았다. 그들의 첫 감상은 150달러로 가격을 더 낮춰 흥정하지 못한 데 대한 아쉬움이었다. 심지어 시계에 뭔가 문제가 있을지 모른다는 생각마저 들기 시작했다. 그들은 거실에 걸린 시계가 초침 소리를 내며 정확히 움직이는 것을 보고도 미심쩍은 마음이 영 풀리지 않았다.

불안감은 점점 커져 두 사람은 밤잠도 못 자고 뒤척이며 시계에 집착했고, 결국 건강에 적신호가 켜지고 말았다.

남편은 판매자와 흥정을 할 때 가격을 거래의 핵심이자 유일한 목표로 삼았다. 만약 부부가 합리적 가격만을 원했다면 이 또한 문제될 것이 없다. 문제는 그들이 이 시계에 생각보다 훨씬 많은 기대를 품었다는 데 있다. 이 때문에 그들이 원하는 대로 가격을 흥정의 최우선 가치로 두고 만족스러운 결과를 얻은 후에도 행복해질 수 없었던 것이다. 이 부부는 가격만 흥정했을 뿐, 판매자와의 신뢰를 쌓는 데 실패했다. 만약 그들이 협상 과정에서 돈 외의 다른 요소를 고려하고, 판매자와 신뢰 관계를 형성했다면 어떻게 되었을까? 아마도 그들은 더 비싼 돈을 주고 시계를 샀다 해도 훨씬 더 만족했을 것이다.

가격은 중요한 부분이다. 하지만 그것이 협상의 전부가 되어서는 안 된다. 물론 돈을 빼고 협상을 논할 수는 없지만 모든 논의의 초점이 얼마를 더 주고, 덜 주고에 집중되어서는 안 된다. 만약 협상가가 이 원칙을 지키지 않는다면 협상을 일촉즉발의 위기 상황으로 내몰 수 있고, 자칫 협상 실패로까지 이어질 수 있다.

상호 이익의 원칙

> 협상은 승부를 결정지어야 하는 바둑도, 상대를 사지로 몰아넣어야 하는 전쟁도 아니다. 협상은 상호 이익과 앞으로의 관계에 초점이 맞추어진 협력 과정이다.
> – 제라드 니렌버그

미국 뉴욕 인쇄노조New York Typographical Union 위원장 B씨는 '한 치의 양보도 없는 협상꾼'으로 유명한 인물이었다. 한번은 그가 신문사 사주와 협상을 벌인 적이 있었다. 당시 그는 오로지 이겨야 한다는 일념으로 객관적 상황을 무시한 채 노조의 두 차례 파업을 밀어붙였다. B씨의 강경한 입장에 밀린 신문사는 그의 요구를 전부 들어줄 수밖에 없었다. 신문사는 실업 문제를 해결하기 위해 인쇄 노동자의 임금을 인상하고, 조판 자동화 등의 선진 기술을 도입하지 않기로 약속했다.

그런데 노조가 승리에 도취해 있는 동안 신문사 상황은 날로 악화되어갔다. 뉴욕의 대형 신문사 두 곳이 합병하며 결국 파산 선언을 했고, 이제 남은 신문사는 석간신문사 한 곳과 조간신문사 두 곳뿐이었다. 상황이 이렇다 보니 신문사 직원의 실업률이 치솟기 시작했고, 수천 명이 거리로 내몰렸다. 이 모든 것이 상호 이익의 협상 원칙을 지키지 않아 벌어진 일이었고, 노조와 신문사 모두 막대한 손해를 감수해야 했다.

상호 이익은 협상에서 반드시 지켜야 하는 주요 원칙이자 출발점이다. 협상가는 상호 이익을 전제로 힘의 균형을 유지하며 최상의 해결점을 찾아야 한다. 어떤 협상이든 서로 다른 의견과 관점의 충돌을 피하기 어렵다. 하지만 상호 이익의 원칙을 배제한 채 자기 의견만을 강요해서는 안 된다. 강경한 입장과 위협적 수단으로 일관된 협상은 결코 서로에게 발전적인 결과를 낳을 수 없다.

객관적 지표의 중요성

> 공평·효율의 원칙과 객관적 지표를 이용해 구체적인 문제를 해결할수록 모두가 만족하는 현명한 합의에 도달할 가능성이 높아진다.
> – 하버드 협상연구소

인도와 미국이 해양자원 개발권 협상을 할 때의 일이다. 당시 인도 측은 제3세계 국가를 대표해 심해 광물자원 채굴에 뛰어든 기업을 대상으로 개발비를 징수해야 한다고 주장했다. 그들이 제시한 구체적 기준은 채굴 지점마다 6천만 달러의 기본 사용료를 지불하는 것이었다. 미국은 불가능한 일이라고 주장하면서 인도의 제안을 거절했다. 결국 두 나라는 입장 차이를 줄이지 못했고, 협상은 양측의 힘겨루기 양상으로 치달았다.

협상이 해결의 실마리를 찾지 못하고 있을 때, 미국 매사추세츠공과대학교(이하 MIT)가 심해 채굴의 경제적 실용성을 위해 개발한 모델에 모두의 이목이 집중되었다. 미국과 인도 모두 이 경제모델의 객관성을 인정하면서, 이것이 개발비 징수 제안이 탐사 경제에 미치는 영향을 객관적으로 평가하는 수단으로 적정하다고 판단했다.

이 경제모델의 분석에 따르면 인도 측이 제출한 개발 협의안을 채택할 경우 채굴에 뛰어든 회사가 이윤을 거둬들이는 시점까지 5년 동안 고액의 개발비를 지급해야 했고, 결국 해양자원 개발 진행 자체가 불가능했다.

인도 대표는 MIT에서 개발한 경제모델의 객관성을 인정했으므로, 협의안을 재고하겠다는 의사를 표했다. 미국 측 협상 대표 역시 객관적 경제지표를 근거로 개발비를 일정액 징수하는 것이 경제적 합리성에 부합한다고 판단하며 기존 입장에서 한발 물러섰다.

지지부진하게 이어지던 협상은 한순간 급물살을 타기 시작했고, 양쪽 모두가 만족하는 임시 협의안을 채택하며 순조롭게 마무리되었다.

전체 협상 과정에서 MIT의 경제모델 지표는 양측의 협의 가능성을 높였고, 팽팽한 대립 구도를 끝내는 최상의 해결 방안을 제공했다. 이 MIT 모델은 여러 회사를 끌어들여 해양자원을 개발하도록 만들고, 세계 각국의 이익 창출에도 도움이 되는 최상의 해결책이 되어주었다.

그중에서도 가장 중요한 성과는 모든 제안의 향후 결과를 예측할 수 있는 객관적 모델 덕에 협상 양측이 협의 결과의 공정성과 합리성에 더 이상 이의를 품지 않게 된 것이다. 그 결과 양측의 관계는 더 공고해졌고, 영구적 합의 달성의 걸림돌이 사라졌다.

하버드 협상연구소에 따르면 협상가가 제아무리 조율과 타협에 능해도 이익의 충돌이라는 잔혹한 현실을 피하기는 힘들다. 설령 윈-윈의 협상 전략 위에 발붙이고 서 있다 해도 예외는 없다. 이때 이익 충돌을 해결할 최고의 방안은 객관적 지표에 따라 협상을 진행하는 것이다. 그래야 모두의 만족도와 효율을 높이는 똑똑한 합의에 도달할 수 있다. 또한 합의에 이르는 과정에서 후회의 씨앗이 남지 않는다.

사안과 주체
분리하기

논의가 진행되면 당면 문제와 협상 대상자를 분리하라.
— 하버드 협상연구소

미국인이 투자·경영하는 한 일본 공장에서 노사문제로 파업이 일어났다. 노조는 파업 시작 6주 전부터 사 측에 파업을 경고했고, 노사 양측은 파업 후에야 극적으로 합의점을 찾아냈다.

파업을 끝내던 날, 노동자들은 자발적으로 나서서 파업 현장 바닥에 떨어진 담배꽁초와 종이 등 쓰레기를 청소했다. 공장 주변은 어느새 예전의 깨끗하고 활기찬 모습을 되찾았다. 다음 날도 노동자들은 자발적으로 야근하며 파업으로 미뤄두었던 일들을 처리했다.

미국 사 측 협상 대표는 노동자들의 행동을 도무지 이해할 수 없어 지나가던 사람 한 명을 붙잡고 그 이유를 물어보았다. 그는 이렇게 대답했다.

"우리는 회사가 우리 목소리에 귀 기울이고, 우리가 절실하게 원하는 게 무엇인지 알아주기를 바랐습니다. 그래서 선택한 방법이 바로 파업이었고요. 그렇다고 회사에 대한 우리의 소속감이나 충성심마저 의심받고 싶은 마음은 없습니다. 파업은 우리 목소리를 전달하기 위한 하나의 수단이었을 뿐이니까요."

이 노동자의 대답은 감정을 배제한 채 객관적이고 공평하게 사안만을 봐야 하는 협상 기본 원칙을 잘 보여준다. 협상에서 흔히 보는 현상 중 하나는 상대의 절실한 문제를 대수롭지 않게 여기는 것이다. 하버드 협상연구소는 이런 경우를 당면 문제와 사람이 뒤섞여버린 잘못된 협상의 단적인 예라고 지적한다. 협상의 정석은 사안과 주체를 분리하고, 협상 테이블 앞에서 서로의 생각에 귀를 기울이며 허심탄회하게 논의를 진행하는 것이다. 그래야만 명확하고 설득력 있는 교류를 진행할 수 있다.

기브 앤드 테이크

상대의 제안을 들어줄 때는 반드시 그 대가를
요구해야 한다.
– 로저 도슨

잭 윌슨은 로저 도슨의 영상 강의용 커리큘럼 담당자였다. 잭은 로저가 가르쳐준 협상 비법으로 수천 달러의 영상 제작 비용을 절약할 수 있었다.

어느 날 잭은 프로그램 제작 사무실로부터 전화 한 통을 받았다. 그들은 잭에게 직접 사무실로 와서 일을 도와달라고 부탁했다. 함께 일하던 촬영기사가 병이 나는 바람에 결원이 생겼다고 했다. 예전 같았다면 잭은 그 부탁을 흔쾌히 받아들였을 것이다. 그러나 이번만큼은 달랐다. 잭은 로저의 가르침대로 즉답을 피한 채 그에 상응하는 대가를 요구했다.

"내가 도와준다면 그쪽에서는 뭘 해줄 수 있습니까?"

상대방은 잭의 질문에 주저하는 기색도 없이 곧바로 대답했다.

"다음번에 우리 작업실을 사용할 때 시간이 초과돼도 그 비용을 받지 않겠습니다."

이렇게 해서 잭은 고작 말 한마디로 수천 달러의 비용을 절약했다. 예전의 잭이라면 상상조차 할 수 없는 일이었다.

협상 과정에서 상대의 요구에 따라 양보를 하게 된다면 그 대가를 받아내는 법 또한 알아야 한다. 대가를 요구할 때는 특히 표현 방식에 주의해야 한다. '만약 내가 당신을 위해 이것을 해준다면, 당신은 날 위해 뭘 해줄 수 있습니까?'와 같은 식으로 정중히 대가를 요구한다면 상대 또한 감정적으로 더 쉽게 받아들일 수 있다. 상대에게 제안할 여지를 주는 질문 방식이기 때문이다. 상대가 자신이 존중받고 있고, 결정권을 쥐고 있다는 느낌을 받아야 더 많은 대가를 얻어낼 수 있다.

최고의 결과,
윈-윈

최고의 협상 결과는 세일즈맨과 바이어가 협상을 마치면서 서로 자기가 이겼다고 생각하는 것이다.
– 로저 도슨

미국 처세술 전문가 데일 카네기는 분기마다 뉴욕 한 호텔의 홀을 빌려 열흘 동안 강연을 열었다. 그런데 어느 날 호텔 측에서 카네기에게 임대료를 기존의 2배로 올려달라고 요구했다. 카네기는 그 돈을 순순히 지불할 마음이 전혀 없었지만, 강연 초청장을 이미 다 보낸 터라 다른 곳으로 장소를 옮길 수도 없었다. 할 수 없이 카네기는 호텔 매니저를 찾아가 담판을 벌여야 했다.

카네기는 매니저를 만난 자리에서 무작정 화를 내며 따지지 않고 그의 입장에 서서 임대료 인상의 득실에 대해 차분히 이야기했다.

"제가 당신 입장이었어도 똑같은 결정을 내렸을 겁니다. 호텔리어라면 당연히 호텔의 이익을 최우선으로 두어야겠죠."

매니저는 카네기가 자신의 입장을 이해해주자 안도하며 일단 경계심을 풀었다. 카네기는 그 순간을 놓치지 않고 홀 임대료를 높일 경우 호텔의 득실에 대한 자신의 생각을 이야기해도 되겠냐고 양해를 구했다. 매니저는 흔쾌히 허락했다.

"호텔의 빈 홀을 무도회를 여는 사람에게 빌려준다면 한 번에 목돈이 생기니 저에게 빌려주는 것이 상대적으로 손해처럼 느껴질 겁니다. 하지만 그렇다고 임대료를 올린다면 자칫 득보다 실이 더 많아질 수 있습니다. 우선 저는 강연을 하는 사람이라 이곳이 안 되면 다른 곳을 알아보면 그만입니다. 그럼 호텔은 2배의 임대료는 물론 기존에 정기적으로 들어오던 임대료조차 챙길 수 없겠지요. 또 하나, 제 강연에 참석하는 수천 명의 상류층 인사들에 주목하셔야 합니다. 그들이 이 호텔에서 강연을 듣는다면 호텔은 공짜 광고 효과가 생기니 잠재적 고객이 확보되는 셈이죠. 호텔 측에서 5천 달러를 들여 지면 광고를 한다 해도 제 강연 효과를 따라잡기 힘들 겁니다. 그렇다면 홀을 제게 빌려주는 것이 이득인지 손해인지 답이 나오지 않을까요?"

호텔 매니저는 그의 말을 듣고 나자 무작정 자신의 결정을 밀고 나갈 수 없게 되었다. 자칫 잘못된 결정이 자신뿐 아니라 호텔의 손해로 이어질 수 있었기 때문이다.

다음 날, 카네기는 호텔 측으로부터 편지 한 통을 받았다. 호텔 측은 카네기의 설득에 넘어가 임대료 인상을 기존 2배에서 1.5배로 낮췄고, 카네기는 계속 그곳에서 강연을 할 수 있게 되었다.

이렇듯 카네기는 협상 과정에서 자신의 요구와 이익을 단 한 마디도 언급하지 않았다. 그럼에도 그는 양쪽의 이익에 입각해 모두에게 이득이 되는 협상을 이끌었고, 결국 자신의 목적을 달성할 수 있었다.

카네기와 호텔 매니저를 통해 보듯이, 협상을 벌이는 양쪽의 이익은 필연적으로 일치할 수 없으며, 때로는 첨예하게 대립하는 상황이 벌어지기도 한다. 양측이 자신의 이익에만 몰두해 양보하지 않는다면 협상은 제자리걸음을 계속할 것이다. 반면에 양측이 윈-윈을 위해 노력한다면 난관을 극복하고 모두에게 이득이 되는 합의를 이끌어낼 수 있다.

양보 폭은 점점 좁혀나가라

> 상대가 흥정을 싫어한다고 선수 치며 '최종 가격'을 요구해도 협상의 여지를 단번에 양보해서는 안 된다.
> – 로저 도슨

협상의 대가 로저 도슨은 중고차 매매를 예로 들어 양보 폭을 최소화하고, 그 폭을 점차 좁혀나가는 협상 전략을 전수했다.

1만 5천 달러의 중고차를 시장에 내놓는다고 가정해보자. 이때 딜러가 마음속으로 정한 최저 판매 가격이 1만 5천 달러이고, 가격 협상은 1천 달러 내에서 가능하다. 만약 실제 협상 과정에서 당신이 가격을 250달러씩 계속 양보해준다면 상대방은 과연 어떤 생각을 할까? 물론 그는 당신이 가격을 얼마까지 깎아줄 수 있는지 알 방도가 없다. 하지만 당신이 한발 물러설 때마다 지불 가격이 250달러씩 줄어든다면 누구라도 당신에게 그 이상의 양보를 요구할 것이다. 따라서 협상가는 양보 폭을 최소화하고 똑같은 폭의 양보를 반복하는 실수를 피해야 한다.

그렇다면 처음에 400달러를 양보하고 그다음 600달러를 양보한 후 더 이상 단 한 푼도 깎아줄 수 없다고 못 박는다면 어떻게 될까? 상대는 양보 폭이 점점 커지는 것을 보며 여전히 흥정의 여지가 남아 있다고 여기게 되고, 결국 협상은 난항을 겪을 수밖에 없다.

반대로 600달러, 400달러의 순으로 가격을 깎아주는 것도 처음부터 양보 폭이 크다 보니 상대에게 더 이상 양보가 불가능하다는 인식을 심어주기 힘들다. 이런 상황이라면 상대는 400달러보다 좀 더 낮은 가격을 제시하며 다시 흥정을 시도하기 마련이다.

그런데 문제는 당신이 정한 가격의 양보 범위가 1천 달러로 국한되어 있기 때문에 더 이상의 흥정이 불가능하다는 데 있다. 만약 당신이 더 이상의 양보할 수 없다고 말한다면 상대방은 좀 전까지 시원시원하게 가격을 깎아주던 사람의 태도가 갑자기 돌변했다며 불만을 드러낼 것이다.

그래서 협상 과정에서 상대의 반감을 피하려면, 양보 폭을 너무 크게 잡아 기대 심리를 높이는 행위는 절대 삼가야 한다.

협상가의 양보는 얼핏 그 자신의 이익과 상반되는 것처럼 보일 수도 있다. 하지만 이것이야말로 장기적인 이익을 위해 눈앞의 사소한 이익을 포기하는 협상 전략이다. 협상가의 양보로 협상 분위기가 부드러워졌다면 이 또한 소기의 목적을 달성한 셈이다.

협상가는 양보를 할 때 자신이 더 많은 이익을 얻어야 한다는 원칙을 최대한 고수해야 한다. 그러기 위해서는 반드시 자신이 먼저 나서서 비교적 작은 문제부터 양보하는 편이 좋다. 또한 양보 과정에서 상대가 하나의 양보도 힘들게 얻어내도록 해야 한다. 무엇보다 협상가는 양보 폭을 최대한 줄이고, 무의미한 양보를 지양해야 한다.

최고의 양보 방식은 바로 협상을 시작하기에 앞서 협상 성공에 유리한 합리적 양보를 먼저 약속하는 것이다. 그러나 그 양보 폭은 최소한이어야 하고, 또 거기에서 점차 줄여나가야 한다. 그래야만 지금 하는 양보가 당신이 할 수 있는 최선임을 상대에게 분명히 각인시킬 수 있다.

오만과 편견

당신의 발밑에 엎어져 동정을 구걸하는 적에게
절대 칼끝을 겨누지 마라.
– 유럽 격언

일본의 상장 기업과 미국의 신흥 기업이 협상을 눈앞에 두고 있었다. 일본 기업은 상장사이기는 하지만 족벌 경영 관행이 남아 있는 재벌 기업이었다. 그들은 60대의 경험이 풍부한 인사를 협상 대표로 발탁했다. 미국 측은 신흥 기업이지만 열린 사고와 우수한 기술력을 바탕으로 해를 거듭하며 가파르게 성장 중이었다. 그들은 마흔이 되지 않은 두 명의 젊은 인사를 협상 대표로 뽑았다.

일본 협상 대표는 상대가 자신보다 어리다는 것을 확인한 순간부터 그들을 한 수 아래로 치부해버렸다. 본격적인 논의가 진행되는 내내 일본 협상 대표는 계속해서 미국 측 대표를 가르치려 들었다.

"이보게, 젊은 사람들이 나이 든 사람의 말을 들어야지."

"젊은 사람들이 꽤나 노력한 건 알겠지만 이 제품 가격은……."

일본 측 대표가 계속해서 설교하듯 상대를 무시하고 나오자 협상 역시 순조롭게 진행되기 힘들었다. 결국 협상은 예정보다 일찍 마무리되었고, 계약은 결렬되었다.

협상에서 가장 피해야 할 행동이 바로 상대를 얕잡아 보는 것이다. 상대를 깔보는 순간 대화를 통해 자신에게 필요한 정보를 얻기 힘들고, 적대감마저 형성된다. 최악의 경우 협상이 결렬될 수도 있다.

그러므로 협상가는 다음 두 가지 사항을 꼭 지켜야 한다. 첫째, 자신보다 나이가 어리다는 이유로 무시하지 않는다. 둘째, 대화를 할 때 말을 가로채지 않는다. 대다수 협상가는 상대가 자신보다 어리게 보이면 당연한 수순처럼 적수가 되지 않는다고 치부해버린다. 그러면 자신도 모르게 경계가 느슨해져 본격적인 협상에서 상대를 효과적으로 제압하기 힘들다. 또한 논의 과정에서 말을 가로채는 횟수가 빈번해지면 상대의 사고 흐름이 흐트러지고, 결국 정확한 정보 전달에 제동이 걸린다. 말 가로채기를 통해 상대의 실수를 지적하는 데 급급하거나 자신의 관점을 밀어붙이려고 하면 도리어 악감정만 깊어져 협상 분위기를 망칠 수 있다.

모험은
선택이 아닌 필수

협상가는 모험을 감수하고, 자신의 오랜 습관과
사고방식을 바꿀 줄 알아야 한다.
– 허브 코헨

1979년에 제작된 영화 〈크레이머 대 크레이머Kramer Vs. Kramer〉에서 더스틴 호프먼Dustin Hoffman이 연기한 주인공 테드는 아내와 이혼한 후 홀로 어린 아들을 돌보느라 고군분투한다. 그러던 어느 날 홀연히 나타난 아내가 아이의 양육권을 요구하며 소송을 벌인다.

승소를 자신하던 테드에게 어두운 그림자가 드리워진 것은 바로 재판 전날이었다. 다니던 광고회사에서 갑작스레 해고를 당하고 만 것이다. 안정적인 직장이 없으면 재판에서 이길 확률이 거의 없었다. 그는 크리스마스에 한 광고회사를 찾아가 인사 담당자에게 자신의 포트폴리오를 보여준다. 면접이 끝나고, 담당자는 며칠 뒤 결과를 통보해주겠다고 말하자 테드는 마지막 승부수를 던진다.

"저의 이력서와 포트폴리오를 보셨으니 제가 이 회사에 필요한 사람인지 아닌지 이미 판단이 섰으리라 생각합니다. 지금 저는 어떤 조건도 원하지 않습니다. 연봉을 낮추겠다고 하면 그 또한 받아들일 겁니다. 대신 오늘 바로 합격 여부를 알려주십시오. 이 회사에 제가 필요하다고 확신이 서시면 제발 오늘 그 결과를 알려주십시오."

테드는 재판 전까지 광고회사에 취직하지 못하면 아이의 양육권을 지킬 수 없었고, 이렇듯 마지막 승부수를 던질 수밖에 없었다. 이 최후통첩이 얼마나 무모하고 위험한지 누구보다 잘 알았지만 테드에게는 다른 선택의 여지가 없었다. 다행히 광고회사는 그를 채용하기로 결정했고, 테드의 모험은 벼랑 끝에 선 그에게 살길을 열어주었다.

협상에는 늘 불확실성과 위험이 도사리고 있다. 하버드 협상연구소는 협상가는 위험신호를 정확히 감지하고, 결정적인 순간에 모험을 감행하는 용기가 필요하고 말한다. 만약 자신에게 유리한 결정을 받아내고 싶다면 모험은 선택이 아닌 필수이다.

4강

세치 혀의 힘

본론보다 중요한 서론

> 똑똑한 협상가는 처음부터 본론을 꺼내 분위기를 무겁게 만들지 않는다. 대신 그는 기분 좋은 인사말과 진심 어린 칭찬, 배려의 말로 협상 분위기를 부드럽게 하기 위해 노력한다.
> – 하버드 협상연구소

A사는 회사 이전을 위해 어쩔 수 없이 기존에 있던 50에이커의 부동산을 팔아야 했다. 영업 확장을 계획하던 B사는 새로운 쇼핑센터를 짓기 위해 부지를 물색하던 중, A사가 내놓은 부동산을 낙점했다. 두 회사의 협상이 시작되고, B사 대표는 이렇게 서두를 열었다.

"오늘 본격적인 협의에 앞서 우선 저희 회사의 입장을 알려드리고자 합니다. 솔직히 말씀드려서 저희 회사는 귀사 부지가 회사 사세 확장에 적합한 입지 조건을 갖추고 있다고 생각합니다. 이 부지를 매입하게 된다면, 기존 건물을 철거하고 대형 아케이드를 신설해 상가를 입주시킬 계획입니다. 미리 관할 행정기관에 자문을 구했고, 건물을 세우는 데 아무 문제가 없다는 확답도 얻었습니다. 이제 저희 입장에서 가장 시급한 문제는 바로 시간입니다. 협상 시간을 최대한 줄여서 가능한 한 짧은 시간 안에 협의를 마쳐야 비용을 감축할 수 있습니다. 그래서 우리는 해당 법률과 조사절차를 모두 간소화할 계획입니다. 비록 우리 두 회사 사이에 오랜 친분은 없지만, 업계 종사자들이 하나같이 내실이 튼튼하고 건실하며 믿을 만한 곳이라고 입을 모아 칭찬하시더군요. 지금까지 봐온 대로라면 저희 역시 그 평가에 동의하는 바입니다. 여러분, 제가 제대로 알고 있는 게 맞습니까?"

B사 대표의 말은 자기 측 입장과 근본적인 이익 문제를 간단명료하고 솔직하게 담고 있었다. A사 협상 대표는 그의 말에서 진심을 느낄 수 있었고, 적극적인 태도와 배려심에 감화되어 경계심을 풀었다. 회의 분위기는 급속도로 부드러워졌고, B사의 바람대로 짧은 시간 내에 만족스러운 합의에 도달할 수 있었다.

회의의 포문을 여는 협상가의 말에는 문제에 대한 이해理解, 입장, 이익이 포함되어 있다. 따라서 협상가는 협의에 앞서서 이것을 어떻게 전달할지 고민해야 한다. 그 방식이나 내용은 간단명료해야 하며, 객관적인 사실을 벗어나지 않아야 한다. 이런 말들이 전체 협상 분위기를 좌우하는 결정타가 될 수 있기 때문이다.

말하지 않고 말하기

> 가격을 제시하고 침묵하라. 당신의 제안을 상대가 수락할지 하지 않을지 알 수 없는 상황에서 먼저 나서는 것은 어리석은 짓이다.
> – 로저 도슨

 부동산 판매업자 두 명이 협상 테이블에 마주 앉았다. 젊은 판매업자 A는 자신보다 나이가 많은 판매업자 B에게서 땅을 살 생각이었다. 그런데 A는 가격만 제시해놓고 그 외에 어떤 말도 하지 않았다. B 역시 젊은이가 아무 말도 하지 않자 따라서 침묵으로 일관했다. 두 사람은 이 상황에 대해 너무나 잘 알고 있었기 때문에 누구도 먼저 나서서 입을 열려고 하지 않았다. 두 사람의 기 싸움이 팽팽히 이어지는 가운데 협상장 안은 적막에 휩싸였다.
 한참 후, 먼저 얼어붙은 협상 분위기를 깬 사람은 B였다. 그는 메모지에 단 두 글자를 써 젊은이에게 건넸다. 대충 흘려 쓴 두 글자는 바로 '걸정'이었다. 일부러 '결정'을 '걸정'으로 틀리게 쓴 것이다. 그것을 본 젊은이는 더 이상 침묵을 지키지 못한 채 한마디 했다.

"한 글자를 잘못 쓰셨습니다."

그렇게 젊은이는 입을 열었고, 내친김에 다시 한 번 협상을 시도했다.

"가격이 맘에 들지 않으시면 2천 달러까지 올려드리겠습니다. 이것이 제가 제시할 수 있는 최고 가격이라는 것만 알아주십시오."

젊은 부동산 판매업자는 침묵의 압박을 끝까지 견디지 못한 채, B가 자신이 제시한 가격을 받아들일지 확신이 서기도 전에 먼저 가격 흥정을 시도하고 말았다.

판매자가 침묵을 지키면 바이어가 양보할 가능성은 높아진다. 이것이 바로 협상 전략 중 하나인 '침묵 전략'이다. 일반적인 상황에서 당신이 가격을 제시하고 침묵하면, 상대는 무언의 압박 속에서 그 가격에 동의하게 된다. 반대로 상대가 당신의 제안을 받아들일지 확신이 없는 상황에서 먼저 흥정을 시도하는 것은 상대에게 약점을 잡히는 어리석은 행위이다.

뛰어난 협상가는 상대의 제안에 다음과 같이 대답한 후 침묵을 지킬 것이다.

"미안하지만 그쪽에서 더 적합한 가격을 제시해주십시오."

그러면 상대는 침묵의 압박을 견디지 못한 채 먼저 이렇게 대답할 확률이 높다.

"얼마면 되겠습니까?"

이렇게 협상 상대는 불리한 입장이 되고, 당신은 협상의 주도권을 쥘 수 있다.

칭찬이 모든 고래를 춤추게 할까

> 칭찬에도 기술이 필요하다. 과한 칭찬은 상대를 난처하게 하고, 사실과 동떨어지거나 적절치 못한 칭찬은 거짓말처럼 들릴 수 있다.
> – 하버드 협상연구소

회계사 로스는 능력 있고 일 잘하기로 소문난 일벌레였다. 그러나 그는 평소 말수가 적고 낯을 가리는 편이라 공개적인 장소에서 말하는 것을 무척 꺼렸다.

언젠가 회사에서 연간 영업 실적 보고회가 있었다. 사장도 참석하는 만큼 회의를 준비하는 직원들의 긴장감도 커질 수밖에 없었다. 본래 보고 담당자는 재무부서 팀장이었다. 그런데 회의 며칠 전 팀장이 사고로 병원에 입원하면서, 로스가 그 역할을 대신하게 되고 말았다. 회의 당일이 되자 로스는 극도로 긴장한 듯 얼굴이 빨갛게 상기된 채 연신 식은땀을 흘렸다. 그럼에도 로스의 보고 내용은 완벽했고, 발표할 때의 억양과 전달력도 매우 안정적이었다. 비록 세련된 기교나 유창한 언변은 없었지만 사람들에게 깊은 인상을 남기기에 충분한 보고였다.

며칠 후 회계부서 팀장은 회의 시간에 로스를 공개적으로 칭찬해주었다.

"지난번 로스 회계사의 발표가 아주 훌륭했네. 다들 기회가 되면 로스의 보고를 귀담아들어 보는 것도 좋을 듯하네. 데이터를 충분히 활용하면서 일목요연하고 조리 있게 필요한 내용을 전달하는 스킬이 정말 좋았어. 칭찬이 자자했지. 자네가 재무부서 면을 세워주었어! 하하!"

재무부서의 다른 회계사들의 눈이 일제히 로스를 향했다. 부끄러움을 많이 타는 로스는 안절부절못하며 겸손하게 부인했다.

"아닙니다. 제가 한 게 뭐 있다고……."

팀장의 칭찬이 이어졌다.

"뭘 그리 쑥스러워하고 그러나. 자네 보고를 듣고 아마 다들 자네를 다시 봤을걸? 칭찬받아 마땅하네. 다들 로스 회계사를 보고 배우게."

그 말에 로스는 마음이 더욱 불편해져 어찌할 바를 몰랐다.

팀장처럼 모두의 앞에서 한 사람을 칭찬하면 대다수 사람이 민망할 것이다. 또, 다른 사람들의 질투심도 피할 수 없다. 그래서 공개적인 장소에서 누군가를 칭찬할 때는 다음 두 가지에 꼭 주의해야 한다. 첫째, 칭찬받는 대상이 불필요한 곤란을 느끼게 해서는 안 된다. 다시 말해서 그를 불안하게 하거나, 타인의 질투를 야기하는 일이 없도록 해야 한다. 둘째, 협상가의 칭찬이 사실에 근거하는지, 그 상황에 맞아떨어지는지 고려해야 한다.

잘못은 스스로
깨닫게 한다

> 비난은 무익한 것이다. 비난을 받은 사람은 방어적 자세를 취하며 스스로를 합리화한다. 또한 사람의 자존감에 상처를 주고, 적개심을 불러일으킨다.
> – 데일 카네기

찜통더위가 기승을 부리던 한여름, 초콜릿회사 마스^{Mars}의 창업자 마스 Frank C. Mars 회장이 공장 시찰을 나갔다. 그날 역시 불볕더위의 기세가 대단했다. 마스가 공장의 대형 초콜릿 생산 기계를 둘러보기 위해 3층 작업장에 들어서는 순간 뜨거운 열기가 훅 밀려왔다. 그는 곁에 있던 공장장에게 왜 에어컨을 설치하지 않았는지 물어보았다. 그러자 공장장은 예산이 부족해서 에어컨을 달지 못했다고 변명을 늘어놓았다. 마스는 그 말에 화가 치밀었지만 그 자리에서 공장장을 다그치지 않았다. 대신 그는 설비 보수팀에 전화를 걸어, 한 층 아래의 공장장 사무실에 있는 모든 물건을 3층으로 옮겨 오라고 지시했다. 뒤이어 마스는 현장 직원들에게 이렇게 말했다.

"여러분의 업무에 방해가 되지 않는다면 공장장의 책상과 의자를 여기서 가장 큰 초콜릿 기계 옆에 두겠습니다."

그제야 공장장은 마스의 의도를 알아챘다. 공장 안에 가능한 한 빨리 에어컨을 달라는 말을 우회적으로 전한 것이다.

잠시 후 마스가 공장장에게 말했다.

"일단 이 일을 다 마치고 나면 언제든 집기를 다시 사무실로 옮겨 가세요."

마스가 공장을 떠나고 난 후, 공장장은 그날 바로 에어컨을 설치했다.

여러 사람 앞에서 힌 시럼을 비난해서는 안 된다. 이것은 협상가가 반드시 지켜야 할 언어적 덕목이기도 하다. 사람이라면 누구나 자존심과 허영심이 있기 마련이다. 만약 협상가의 비난이 합당하지 못해 이 부분을 건드리면 도리어 상대의 적대심만 불러일으킬 수 있다. 따라서 협상가는 상대가 저지른 잘못의 무게에 따라 비난 강도와 방식을 적절히 조절할 줄 알아야 한다. 그중 사람의 마음에 가장 깊이 와 닿는 방식은 바로 잘못한 사람 스스로 잘못을 깨닫게 하는 것이다.

경청의 힘

> 비즈니스 협상에 특별한 비결은 없다. 가장 중요한 것은 상대의 말을 주의 깊게 듣는 능력이다.
> – 데일 카네기

'협상의 왕'이라 불리던 허브 코헨은 상대의 말에 귀를 기울이는 '경청'을 매우 중요하게 생각했다.

영업사원 시절, 그는 한 공장에 세일즈를 하러 갔다. 약속 시간보다 일찍 공장에 도착한 그는 작업반장과 먼저 이런저런 이야기를 나눴다. 그때 작업반장이 이런 말을 했다.

"다른 회사 제품도 많이 써봤지만, 그중에서도 그쪽 회사 제품이 우리 공장 규격과 기준에 딱 맞더군요."

함께 걸으며 대화를 하는 동안 작업반장은 이런 말도 꺼냈다.

"이번 협상이 언제쯤 결론 날 것 같습니까? 재고품이 거의 동난 상태거든요."

코헨은 그의 말을 한 마디라도 놓칠까 촉각을 곤두세웠고, 중요한 정보를 얻어내는 데 성공했다.

코헨은 공장 구매 담당자와의 미팅에서 조금 전 얻은 정보를 적극 활용했고, 협상은 자연히 그에게 유리하게 흘러갔다.

양측 협상가는 '말'을 통해 의견과 관점을 드러낸다. 그 안에는 각종 정보가 고스란히 담겨 있다. 경청의 중요성을 망각한 협상가는 유용한 정보는 물론 협상에 필요한 기본 정보조차 놓쳐버릴 수 있다. 협상 상대와의 효율적인 소통에 걸림돌이 생기는 것은 말할 것도 없다. 경청이야말로 적을 알고 나를 아는 과정이자 협상에서 자신감을 얻는 지름길이다.

트집 잡기

> 똑똑한 바이어는 제품의 품질과 만족도에 대한 칭찬에 인색하다. 협상을 할 때 트집을 잘 잡는 사람일수록 가격 흥정에서 훨씬 유리한 입장에 설 수 있다.
> – 하버드 협상연구소

미국 비즈니스 협상가 로체스터가 냉장고를 사러 갔다. 직원이 처음 제시한 가격은 249.5달러였지만 로체스터는 200달러도 안 되는 가격으로 마음에 꼭 드는 냉장고를 구입했다. 그때 그가 사용한 협상 전략이 바로 '트집 잡기'였다.

로체스터 이 냉장고는 색상이 몇 종류나 됩니까? 샘플을 좀 볼 수 있을까요?

직원 그럼요. 총 32종이 있는데 카탈로그를 보여드리겠습니다.

로체스터 이 점포에는 몇 가지 색상이 들어와 있나요?

직원 매장에는 20종이 들어와 있는데, 어떤 색을 원하시나요?

로체스터는 일부러 매장에 들어와 있지 않은 색을 가리키며 말했다.

로체스터   이 색이 우리 집 주방 벽지와 잘 어울릴 것 같군요.
직원   손님, 죄송한데 그 색은 지금 매장에 들어와 있지 않습니다.
로체스터   아, 그래요? 다른 색은 주방 벽지와 어울리지를 않는데……. 가격이 싼 것도 아닌데 원하는 색이 없다니 어쩔 수 없네요. 아무래도 다른 곳을 좀 더 돌아다녀 봐야겠어요.
직원   손님, 정 그러시다면 가격을 좀 싸게 해드리겠습니다.
로체스터   네? 그런데 이 냉장고에 흠이 좀 있네요? 외관에 난 흠이니 아무리 작다 해도 상품 가치가 떨어지죠. 보통 이런 냉장고는 할인 판매 한다고 알고 있는데, 아닌가요?

그러고는 냉장고 문을 열고 안을 들여다보며 물었다.

로체스터   이 냉장고는 제빙기가 포함되어 있습니까?
직원   그럼요! 이 제빙기는 24시간 내내 얼음을 만들 수 있고, 시간당 전기료도 2센트 정도밖에 안 나옵니다.
로체스터   내 아이가 천식이 있어서 얼음을 먹으면 안 되거든요. 제빙기를 빼고 살 수 있나요?
직원   제빙기는 전체 냉동 시스템과 하나로 연결되어 있어서 그것만 따로 떼어낼 수는 없습니다.
로체스터   그래요? 어쩐다……. 우리 집에 필요도 없는 제빙기까지 껴서 냉장고를 사면 쓸데없이 전기료만 더 내는 꼴이 되겠군요. 그래도 냉장고 가격을 좀 더 낮춰준다면야…….

이런 식으로 로체스터는 직원의 양보를 자연스럽게 얻어내며 만족스러운 가격에 원하던 냉장고를 구입할 수 있었다.

'트집 잡기'는 흥정의 고난도 전략이다. 보통 이런 전략은 상대를 몰아붙여 원하는 양보를 얻어내기 위해 동원된다. 노련한 협상가는 인정에 호소하는 목소리에 흔들리지 않는다. 그럴 경우 '트집 잡기' 전략으로 여러 가지 문제점과 요구 사항을 정당하게 제시하는 노하우가 필요하다. 때로는 아예 존재조차 하지 않는 문제점이나 약점을 찾아낼 수 있어야 한다.

거절과 보상의 균형

> 대등 법칙이란 아무리 사소한 것을 양보했다 해도 그에 상응하는 보상을 요구하는 것이다. 반대 경우도 마찬가지이다. 상대의 요구를 거절했다면 그에 부합하는 보상을 주어야 한다.
> – 하버드 협상연구소

데일 카네기가 어느 날 한 유명 인사로부터 강연 요청을 받았다. 상대가 워낙 거물급이고 친분이 깊은 사이라 부탁을 거절하는 것은 생각할 수도 없었지만, 카네기의 스케줄이 이미 꽉 차 있어 도저히 시간을 내기가 어려웠다. 어쩔 수 없이 그는 상대의 부탁을 거절하는 동시에 더 나은 대안을 제시했다.

"정말 유감스럽게도 그날은 이미 강연이 잡혀 있어 도저히 시간을 낼 수가 없습니다. 괜찮으시다면 저보다 더 나은 분을 추천해드리고 싶습니다. 이 방면으로 전문 지식과 경험이 풍부하고 강연에도 일가견이 있어 인기가 많으십니다. 저보다 더 나을지도 모르겠습니다."

이렇게 카네기는 상대의 부탁을 정중히 거절하는 동시에 그것을 상쇄할 만한 제안을 함으로써 난처한 상황에서 벗어날 수 있었다.

협상 중 거절이 반드시 협상 결렬을 의미하는 것은 아니다. 그 거절은 단지 상대의 특정 요구에 해당될 뿐이기 때문이다. 그래서 때로는 거절이 또 다른 흥정 가능성을 여는 열쇠가 되기도 한다. 사람은 오랜 지인, 친한 벗, 단골 고객 등과 마주하면 그들이 제아무리 불합리한 요구를 한다 해도 쉽게 거절하지 못하는 경향이 있다. 그래서 거절할 때는 확실히 거절하되, 상대의 불만과 실망을 잠재울 수 있도록 보상책을 제시하는 것도 하나의 해결 방법이다.

거짓 정보를 흘려라

상대 정보의 진위 여부를 알아보려면 맞불 작전
을 펼쳐 거짓 정보를 제공해야 한다.
– 하버드 협상연구소

건축자재 중개업자 창고에 철강 자재가 잔뜩 쌓여 있었다. 이 자재는 판로가 좋아서 최근에는 공급이 달릴 만큼 찾는 사람이 많았다. 당시 한 건축회사에서 이 철강 자재를 급히 구하고 있었다. 하지만 막상 협상이 시작되자 건축회사는 어떻게든 가격을 낮추기 위해 일부러 배짱을 내밀었다. 그들은 거래 성사에 크게 집착하지 않는 듯 여유를 부렸다. 거리가 성사되면 좋은 일이고, 안 돼도 별수 없다는 태도였다.

자재 중개업자는 교묘하게 거짓 정보를 흘려 상대의 진심을 떠보기로 했다. 그는 노골적으로 불쾌감을 드러내며 말했다.

"그쪽에서 이렇게까지 거래에 성의를 보이지 않는다면 우리 역시 괜한 시간을 낭비할 필요가 없을 것 같습니다. 사장님 회사 말고도 거래할 곳은 많으니까요. 저희 입장에서도 이번 거래가 성사되지 않는다고 해서 크게 아쉬울 건 없습니다."

건축회사 대표는 중개업자의 말에 놀라 마음이 다급해졌다. 가격을 낮추려다가 도리어 거래를 망칠 위기를 맞은 셈이었다. 결국 그는 좀 전과 달리 적극적으로 거래를 시도했고, 양측은 오래지 않아 원만한 합의를 이룰 수 있었다.

협상 과정에서 상대가 자신의 의도를 철저히 감추고 가면을 쓴다면 누구라도 그것이 진실인지 거짓인지 가늠하기 어렵다. 이런 상황에서는 똑같이 속임수로 맞불 작전을 펼쳐 상대가 쳐놓은 방어막을 무너뜨려야 한다.

입버릇 고치기

나쁜 습관은 고치는 것보다 예방하는 것이 더
쉽다.
— 벤저민 프랭클린Benjamin Franklin

모 회사 경영 팀장은 업무 능력이 뛰어난 만큼 매일매일 바빴다. 그러다 보니 부하 직원들에게 도움을 줄 시간이 상대적으로 적었다. 그는 늘 미안한 마음을 가득 담아 직원들에게 이렇게 말하고는 했다.

"다들 문제가 있으면 언제든지 나한테 묻게. 능력 닿는 데까지 최선을 다해 도와줄 테니 어려워하지 말고 날 찾아오도록."

하지만 누구 하나 그를 찾아와 질문을 하거나 의견을 내놓지 않았다. 처음에는 요즘 젊은 직원들이 워낙 똑똑해 다들 알아서 잘하나 보다 생각하며 애써 서운한 마음을 감췄다. 그런데 시간이 지날수록 점점 화가 치밀어 올랐다. 정말 나한테 물어보고 싶은 문제가 하나도 없단 말이야? 혹시 내가 일하는 데 방해될까 봐 못 물어보는 건가? 아니면 내 말이 그저 형식적인 것처럼 들렸나? 그는 이런저런 생각에 머릿

속이 복잡해졌다. 어디서부터 잘못된 것인지 감조차 잡히지 않았다.

그러던 어느 날, 팀장은 직원 한 명이 다른 직원에게 종이를 건네며 뭔가 물어보는 모습을 보게 되었다. 지켜보니 질문을 받은 직원도 제대로 모르기는 매한가지인 듯했다. 팀장은 이때다 싶어 그들에게 곧장 다가갔다.

"무슨 문제가 생겼나 보지? 이리 줘보게!"

그러자 두 사람은 서로 눈치만 보며 꿀 먹은 벙어리처럼 아무 말도 하지 못했다. 그 모습을 본 팀장이 역정을 냈다.

"평소에 모르는 게 있으면 언제든 물어보라고 누누이 말하지 않았나? 그런데 왜 아무 말도 못하는 거지?"

직원들은 서로 눈짓을 주고받다가 결심한 듯 입을 열었다.

"팀장님, 정말 별거 아닙니다. 그냥 저희끼리 사소한 얘기를 나누던 중이었습니다."

얼마 후 팀장은 친한 친구를 만나 고민을 털어놓았다. 친구는 문득 팀장이 입버릇처럼 하는 말이 문제의 시작 아닐까 하는 생각이 들었다. 원래 팀장은 "이것도 몰라?"라는 말을 아무렇지 않게 툭툭 내뱉는 습관이 있었다. 직원들이 그에게 무언가 물어볼 때마다 늘 돌아오는 대답이기도 했다. 이 때문에 직원들은 궁금한 점을 해결하고도 후련한 느낌이 들기는커녕 괜한 스트레스가 쌓여 짜증만 더 났다. 그러다 보니 모르는 것이 생겨도 팀장을 찾아가기를 꺼리게 되었다.

팀장은 자신의 입버릇이 잘못되었음을 깨달은 뒤로, 직원들과 대화를 나눌 때 문제가 되었던 말이 튀어나오지 않도록 단단히 주의를 기울였다. 간혹 자기도 모르게 그 말이 불쑥 나올 때면 곧바로 해명하고 사과했다. 그런 노력이 쌓이다 보니 팀장의 입버릇은 사라졌고, 직원들도 문제가 생길 때면 수시로 그를 찾아가 도움을 청했다. 팀 분위기가 좋아진 것은 말할 것도 없었다.

입버릇은 무의식중에 나온다. 말하는 사람의 진심과는 상관없는 습관인 경우가 대부분이다. 그러나 제아무리 악의 없는 입버릇도 듣는 사람이 불쾌하다면 문제가 된다. 협상 과정에서 입버릇을 달고 사는 협상가라면 상대에게 그 능력을 의심받을 수 있다.

유도신문 활용하기

> 협상에서 상대방이 많은 말을 하게끔 하는 방법은 다양하다. 집요한 유도신문 역시 상대의 단단한 벽을 깨는 좋은 전략이다.
> – 하버드 협상연구소

어느 날 워싱턴이 키우던 말 한 마리가 사라졌다. 이리저리 알아본 결과 이웃에 사는 사내가 그 말을 훔쳐 갔다는 확신이 들었다. 그는 경찰을 대동하고 잃어버린 말을 찾으러 그 집으로 향했다. 하지만 이웃집 사내는 자신의 죄를 강하게 부인했고, 워싱턴이 가리키는 말이 자기 말이라고 끝까지 우겼다. 심증만 있을 뿐 물증이 없는 상황이라 경찰 역시 누구 편도 들어줄 수 없었다. 그때 워싱턴이 말에게 다가가 두 손으로 말의 눈을 가리며 이웃에게 물었다.

"이 말의 어느 쪽 눈이 멀었는지 아십니까?"

이웃은 오른쪽 눈이라고 대답했다. 그러자 워싱턴이 오른손을 떼었다. 말의 눈은 멀쩡했다. 이웃은 당황한 듯 다시 왼쪽 눈이라고 대답했다. 워싱턴은 왼쪽 손도 떼었다. 하지만 그 눈 역시 멀지 않았다. 이웃은 어떻게든 그 상황을 모면해보려고 다시 거짓말을 늘어놓았다. 하지만 상황을 지켜보던 경찰은 이미 진실을 파악하고 이웃에게 말했다.

"자기 말의 눈이 멀었는지 안 멀었는지도 모른다니 말이 됩니까? 당신 말이 아닌 게 확실하니 당장 워싱턴 씨에게 말을 돌려주십시오."

말의 어느 쪽 눈이 멀었는지 아느냐는 질문에는 '이 말은 한쪽 눈이 안 보인다'는 전제가 숨어 있다. 이웃은 방심한 사이에 워싱턴이 친 덫에 걸리고 만 것이다. 어느 쪽 눈이 멀었다고 말해도 모두 거짓이 되니 결국 자신의 죄를 스스로 밝힌 꼴이 되어버렸다. 워싱턴의 사례처럼 유도신문을 잘 활용하면 상대의 순간 판단력을 마비시키고 쉽게 함정에 빠뜨릴 수 있다. 구체적인 상황을 근거로 한 유도신문이야말로 상대가 걸려드는 순간 곧바로 제압할 수 있는 강력한 한 수이다.

화가 난 상대를 다루는 화술

> 상대의 감정이 격해지면 그 화를 드러내도록 만들어라. 그의 경계심은 약해지고, 당신은 더 많은 정보를 얻을 수 있을 것이다.
> – 하버드 협상연구소

켄트는 주문한 상품의 배송이 지연되자 도매상 직원에게 불같이 화를 냈다.

"물건을 이제 보내면 어쩌자는 거요? 당신들 때문에 내 단골이 다 떨어져 나갔어! 이 일로 내가 얼마나 손해를 봤는지 알아?"

직원은 기지를 발휘해 곧바로 켄트에게 사과했다.

"고객님, 정말 죄송합니다. 저희 측 실수로 배송이 너무 늦어진 점, 진심으로 사과드립니다. 고객님 마음은 충분히 이해합니다. 아마 저라도 화가 났을 것 같습니다."

그는 정중히 사과한 후 물품 배송이 얼마나 지연되었는지, 얼마의 손해를 입었는지 등을 물었다. 이런저런 이야기를 나누는 사이 켄트의 화가 누그러지자, 직원은 이전에도 똑같은 상황이 있었는지 물었다.

그러고 보니 물건이 늦게 배달된 적이 지금껏 단 한 번도 없었다. 생각이 여기에 미치자 켄트는 자신이 화를 낸 것이 미안해졌다. 영리한 직원은 그제야 켄트에게 물품이 늦게 배송된 이유를 설명하기 시작했다. 그는 제조업체에서 기한 내에 도매업체에 물건을 넘기지 않아 배송이 늦어졌다며, 앞으로는 이런 일이 절대 없을 거라고 맹세했다. 직원의 진심은 통했고, 켄트 역시 이번 일이 그의 잘못이 아님을 알기에 더는 화를 내지 못했다.

도매업체 직원은 지혜로운 협상 전략으로 양쪽의 충돌을 요령껏 피하는 데 성공했다. 협상에서의 충돌과 갈등은 협상 테이블에 마주 앉은 당사자들의 이익에서 시작된다. 하지만 이익이 충돌하는 협상이라고 해서 반드시 불쾌한 감정을 낳거나 나쁜 결과만 초래하는 것은 아니다. 양측이 기지를 발휘한다면 서로의 이익 구조에 대한 이해도를 높일 수 있고, 더 나아가 관계 개선을 통해 이익의 충돌까지도 피할 수 있다.

아 다르고
어 다른 말

> 언변은 진리를 말로 전환하는 능력이며, 언어는
> 완벽한 이해를 돕는 도구다.
> – 랄프 왈도 에머슨 Ralph Waldo Emerson

한 소비자가 모 제과점을 고발했다. 그는 신문사에 편지를 보내 이 제과점에서 재료 함량이 미달인 빵을 만들어 소비자 권익을 해쳤다고 성토했다. 신문사로부터 편지를 전달받은 제과점 주인은 자신을 고발한 소비자에게 이런 답변을 보냈다.

'고객님께서 저희 제과점에서 만든 빵의 재료 함량이 미달되었다고 지적해주신 편지는 잘 받아보았습니다. 고객님 말씀대로 저희 제과점에서 파는 빵의 함량이 부정확한 것은 분명해 보입니다.'

언뜻 보면 제과점 주인은 소비자의 고발 내용을 인정하는 듯한 답변을 내놓았다. 하지만 그는 소비자가 제기한 '함량 미달'을 '함량 부정확'으로 대체함으로써 진정한 고수의 면모를 드러냈다. '미달'은 제과점이 고의로 재료량을 속여 팔았다는 부정적인 의미를 담고 있다. 반면 '부정확'이라는 표현은 때로는 함량이 많고, 때로는 함량이 적다는 뉘앙스를 풍긴다. 한 끗 차이로 전혀 다른 의미의 말이 되는 셈이다.

제과점 주인은 교묘한 언변으로 제과점의 이미지 추락을 막을 수 있었고, 이 일을 계기로 그동안 주먹구구식으로 이어오던 경영 방식도 개선했다.

같은 말이라도 아 다르고 어 다르다고 했다. 특히 협상에서의 화술은 적을 자기편으로 만들고, 전쟁 같은 분위기를 한순간에 평화롭게 만드는 역할을 한다. 그래서 언변이 뛰어난 협상가일수록 협상 테이블에서 우위를 차지할 확률이 높다.

'No'라고 말해야 할 타이밍

> 고객의 생각을 듣기 전까지 세부적인 문제를 놓고 흥정을 하거나 논쟁을 벌여서는 안 된다. 고객의 요구가 당신의 거래에 불리하게 작용한다고 해서 즉각 반박해서도 안 된다.
> – 하버드 협상연구소

'No'라고 말해야 할 타이밍을 누구보다 잘 아는 변호사가 건물주를 대신해 부동산 임대 문제를 놓고 협상을 벌였다. 이 건물주는 지리적 위치가 좋은 부지에 빌딩을 짓고 내부 공사까지 모두 마친 후 임대를 준비 중이었다. 당시 기반이 탄탄한 대기업 두 곳이 이 건물에 관심을 보였다. 두 회사 모두 입지 조건이 좋고 번듯한 건물에 입주해 회사의 위상을 높이고 이미지를 쇄신할 필요가 있었다.

변호사는 이들의 속사정을 훤히 꿰뚫은 후 한 회사에 먼저 전화를 걸었다.

"사장님, 제게 일을 위탁한 건물주가 임대를 하지 않겠다고 연락해 왔습니다. 그럼 다음번에 다시 좋은 기회로 만나 뵙기를 바랍니다."

그는 전화를 끊자마자 또 다른 회사 사장에게 전화를 걸어 같은 말을 반복했다.

변호사의 전화를 받은 두 회사 사장은 득달같이 변호사를 찾아와 협상을 벌였다. 한 차례 흥정이 이루어진 후, 두 회사는 각각 4개 층을 임대하면서 8층 건물 임대료에 해당하는 비용을 지불하고 말았다. 이 놀라운 흥정술 덕에 건물주는 가만히 앉아서 2배의 임대료를 챙긴 것이다.

협상가는 자신이 언제 'No'라고 말해야 할지 정확히 알아야 한다. 그래야 협상에서 승리할 수 있는 패를 손에 넣고, 자신에게 유리한 방향으로 흥정을 이끌어갈 수 있다.

5강

된다고 생각해야
진짜 된다

자신감이 반이다

> 한 사람의 성공 여부는 그 사람의 자존심과 자신감을 보면 알 수 있다.
> – 소크라테스

유대인은 세계에서 가장 상술에 밝은 민족 중 하나로, 다양한 사업 수완이 있다. 그중 하나가 자신감이다.

유대인 브라운과 스탠턴은 미국에서 마케팅회사를 차렸다. 어느 날 스탠턴은 일본 맥도날드 후지타 덴 사장에게 전화를 걸었다.

"미국 맥도날드 사에서는 벌써 5년째 저희가 개발한 기계를 사용 중입니다. 그리고 그 5년간 연이어 실적이 올라갔죠. 귀사에서도 이 기계를 도입하지 않으시겠습니까?"

잠시 숨을 돌린 후 스탠턴이 다시 입을 열었다.

"지금 일본에서 사용 중인 기계는 너무 구식이죠. 더 많은 고객을 유치하고 싶다면 신형을 사용해야 합니다."

스탠턴이 제안한 신형은 사용법이 간단해 고객이 더할 나위 없이 편하게 사용할 수 있었다. 후지타 덴 사장은 바로 관심을 보이며 기계에 대해 자세히 알고 싶으니 일본으로 와 설명회를 열어달라고 했다. 그러자 스탠턴은 강연료로 10만 달러를 요구했다. 비록 2시간짜리 강연이지만 내용 자체가 기술이전과 관련되어 있기 때문에 10만 달러의 가치가 충분하다고 판단했다. 하지만 후지타 덴 사장의 생각은 달랐다. 당시 일본에서 2시간짜리 강연료 시세는 보통 30만 엔에서 50만 엔 사이로 책정되어 있었다. 스탠턴이 요구한 10만 달러를 엔화로 환산하면 무려 2,400만 엔이었고, 10분당 200만 엔을 지불하는 셈이었다. 더구나 미국 맥도날드 사에서 이미 스탠턴에게 일정액의 강연료를 지불했고, 후지타 덴 사장도 그 사실을 모르지 않았다. 그래서 그는 일본과 미국 맥도날드 사의 합작을 이유로 10만 달러 지불을 거절했다. 스탠턴도 더 이상 그 문제에 연연하지 않고 공짜로 강연을 해주기로 합의했다.

얼마 후, 스탠턴은 일본에서 신형 기계 설명회를 진행하며 후지타 덴 사장에게 자신 있게 큰소리를 쳤다.

"이 방식을 도입한다면 한 달 후 매출액이 16퍼센트 증가할 겁니다."

후지타 덴 사장은 스탠턴의 말이 그저 허풍처럼 늘렸다. 하지만 스탠턴의 목소리는 너무도 확신에 차 있었다.

"한 달 후 매출액이 16퍼센트 증가한다는 데 제 목숨을 겁니다. 이런 확신도 없이 어떻게 10만 달러의 강연료를 요구할 수 있겠습니까?"

뒤이어 스탠턴의 구체적인 설명이 이어졌다.

"일본 맥도날드의 매월 판매액은 100억 엔 정도입니다. 매출액이 16퍼센트 증가했을 때 소고기와 빵 사용량이 증가해 발생하는 추가 비용

외의 다른 원가는 100억 엔에 이미 포함되어 있습니다. 따라서 매출액 중 소고기와 빵 값을 공제한 비용이 순이익이 됩니다. 사장님께서는 16억 엔의 추가 매출액 중 60퍼센트, 즉 10억 엔을 손에 넣게 되실 겁니다."

스탠턴은 한차례 계산을 끝낸 후 후지타 덴에게 다시 한 번 강조했다.

"제가 알려드린 기술로 사장님은 매달 10억 엔을 더 버실 수 있습니다. 그러니 제가 요청한 2,400만 엔의 강연료 역시 결코 과한 액수가 아닙니다."

후지타 덴 사장은 그의 말을 들으며 자신감 넘치는 유대인의 영업 태도와 협상 기교에 감탄을 금치 못했다.

자신감이야말로 협상가에게 반드시 필요한 심리 요소이다. 자신감이 있어야 자신의 가치와 잠재적 능력을 충분히 보여줄 수 있다. 협상가의 자신감은 주로 다섯 가지 방면에서 나타난다. 첫째, 자신의 가치를 중시하고, 타인의 존중을 받으며 자신의 가치를 높일 줄 안다. 둘째, 자신의 원칙을 고수한다. 셋째, 타인의 권리와 이익을 중시한다. 넷째, 자신의 관점을 거침없이 밝히고, 명확히 전달하려고 한다. 다섯째, 외부의 압력과 비웃음을 회피하지 않는다.

목표 가격 설정은
높게, 높게

말이 이치에 맞기만 하다면 말도 안 되는 값을
부른다 해도 성공할 가능성이 있다.
– 개빈 케네디

교수 두 명이 이런 실험을 했다. 먼저 협상을 하는 두 사람 사이에 방음판을 쳐서 상대의 표정을 볼 수도, 목소리를 들을 수도 없게 했다. 두 사람의 협상은 오로지 종이에 쓴 글자로만 이루어졌다.

교수가 두 사람에게 지시한 내용은 기본적으로 동일했고, 단지 희망 가격만 각각 7.5달러와 2.5달러로 달랐다. 이것을 제외한다면 둘 중 누구에게도 유리한 조건을 제시하지 않았다. 양쪽 모두에게 5달러를 벌 기회가 동등하게 주어졌다.

반복 실험을 한 결과, 7.5달러를 내건 사람은 7.5달러에, 2.5달러를 내건 사람은 2.5달러에 협상을 마치는 결과가 나왔다. 희망 가격이 높은 사람은 비교적 좋은 결과를 얻었지만, 희망 가격이 낮은 사람은 비교적 형편없는 결과에 만족해야 했다.

협상가의 개인적인 바람은 그가 희망하는 목표를 달성하는 것이다. 연구 결과에 따르면, 협상에서 목표를 비교적 높이 잡고 노력하는 사람이 그렇지 못한 사람보다 훨씬 좋은 결과를 얻는다. 다만 협상가의 목표가 높으면 그만큼 상응하는 위험부담 또한 높아질 수밖에 없고, 협상도 제자리걸음하기 쉽다. 하지만 설사 그렇다 해도 협상가는 위험을 두려워해서는 안 되며, 자신의 목표를 높이 잡아야 한다.

적대감을 극복하라

> 양쪽 이익이 늘 대립하는 것은 아니다. 관건은 갈등의 초점이다. 양측 모두에 존재하는 문제를 제거하는 쪽으로 초점을 돌린다면 모두에게 이익이 되는 협상 결과를 얻을 수 있다.
> – 앤드루

앤드루는 하버드에서 경영학을 전공한 수재이자 유명한 판매왕이기도 하다. 2011년, 그는 모교 초청을 받아 경영대학원 졸업생을 위해 다음의 성공담을 들려주었다.

어느 날 앤드루는 자동차 판매회사를 찾았다. 1년 전 그는 이 회사에 회사 관리 시스템을 팔았고, 이번에 다시 사장을 만나 새로운 프로젝트에 대해 협의해볼 심산이었다.

그런데 앤드루는 사무실로 들어선 순간 그를 대하는 사장의 태도가 전과 달리 적대감으로 가득 차 있음을 알았다. 뭔가 문제가 생겼다고 직감한 그는 사장의 말에 귀를 기울였다. 알고 보니 자신이 작년에 판 시스템이 관리 효율을 높이고 원가를 낮추기는커녕, 엄청난 시간과 노력을 낭비시키는 애물단지로 전락해 있었다.

앤드루는 당혹감을 감추지 못한 채 회사 직원들이 시스템을 어떻게 사용하는지 볼 수 있게 해달라고 부탁했다. 앤드루가 문제점을 찾아내는 데는 그리 오랜 시간이 걸리지 않았다. 시스템 자체의 문제가 아니라 그들이 시스템을 이용하는 방법과 순서에 오류가 있었다는 사실이 밝혀졌다. 앤드루는 곧바로 본사에 전화를 걸어 전후 사정을 보고한 후 고객 회사에서 사흘간 머물며 문제 해결을 위해 발 벗고 나섰다.

이렇게 앤드루는 자신이 영업 중이던 신형 시스템 판매에 성공했을 뿐 아니라 회사 사장과도 좋은 친구가 될 수 있었다.

자신이 파는 제품에 대한 전문 지식과 기술에 대한 자신감이 없었다면 불가능한 일이었다.

서로 대립하는 입장과 이익 앞에서는 협상 상대에게 적대감을 느끼기 쉽다. 하지만 협상가는 그런 감정을 극복하고 상대의 관점을 완벽하게 이해해야 한다. 다만 그것이 완전한 동의를 의미하지는 않는다. 협상가는 연신 고개를 끄덕이며 수긍하고, 상대의 관점을 반복해 물어보는 방식으로 그의 생각, 필요, 조건을 알기 위해 노력해야 한다. 현명한 협상가라면 적극적인 자세로 상대의 말에 귀를 기울여 모호한 차이에서 오는 오해를 줄이고, 협상 성공 가능성을 높여야 한다.

이성을 극복하라

> 이성은 늘 죄의 노예가 되어 그것을 위해 변명
> 을 한다.
> — 톨스토이 Lev Nikolaevich Tolstoy

1970년대 미국의 젊은 맞벌이 부부는 도시 근교의 오래된 대저택을 선호했다. 이런 집은 생활공간이 넓고 세금이 낮을 뿐 아니라, 전원생활의 장점을 두루두루 갖추고 있었다. 그러나 집을 구입하고 나면 예상치 못한 문제들이 그들을 기다렸다. 오래된 저택의 자재 대부분이 목재여서 보수와 수리를 해야 할 곳이 한두 군데가 아니었던 것이다. 그러다 보니 목공 기술자들이 때아닌 호황을 누렸다. 조지가 바로 그들 중 한 명이었다.

조지는 경목을 다루는 재주가 뛰어나고, 목제 가구를 만드는 기술이 타의 추종을 불허했다. 그래서 사람들은 그가 어떤 가격과 조건을 내걸든 무조건 일을 맡기고 싶어했다. 조지는 늘 먼저 비용, 시간, 자재를 제시했고, 고객이 모든 대금을 지불한 후에야 일을 시작했다. 그런데 조지가 이번에 만난 집주인들은 대부분 젊은 변호사였고, 그들은 이런 일방적인 거래를 기꺼워하지 않았다. 그들은 재료비만 선불로 내고, 공사가 끝나면 전액을 지불하는 방식을 원했다. 조지는 단도직입적으로 말했다.

"나보다 일에 대한 기준이 엄격한 사람은 없습니다. 그동안 제 능력에 만족한 수백 명의 고객이 그것을 입증해주고 있습니다. 그 고객들 모두 대금 전액을 미리 지불하는 데 동의했습니다. 내게 일을 맡기고 싶다면 당신 역시 공사 전에 전액을 지불하셔야 합니다."

그런데 똑똑하기로 치면 누구에게도 뒤지지 않을 젊은 변호사들마저 그의 비합리적인 요구 조건을 수용했다. 이런 결정 이면에는 조지가 가진 최고의 기술과 그에 대한 신뢰가 밑바탕이 되었다. 또한 그들은 조지보다 기술력이 낮은 사람을 고용하는 것보다 그의 불합리한 요구 조건을 들어주는 것이 더 이해타산이 맞는다고 판단했다.

어쩌면 조지는 자신이 협상을 하고 있다는 사실조차 모른 채 그저 자신이 옳다고 생각하는 일을 했을지도 모른다. 조지는 자신만이 할 수 있는 일과 기회를 잡는 방법을 누구보다 잘 알고 있었다. 이처럼 자신감과 신뢰가 바탕이 되어 있다면 때로는 비합리적인 요구 조건을 과감히 밀고 나가는 것도 협상을 성공으로 이끄는 전략이다.

두려움을 극복하라

우리가 유일하게 두려워하는 것은 바로 '두려움'
그 자체이다.
— 루스벨트 Franklin D. Roosevelt

레이 스텐버그는 엘리트 스포츠 선수를 관리하는 매니저였다. 그가 세운 스포츠 에이전시에는 100여 명의 선수가 등록되어 있었다. 그에게 협상은 일상생활이 된 지 오래였다. 스텐버그에게 협상은 두려움의 대상이 아니었다. 그는 모든 협상에 명확한 목표와 원칙을 가지고 임했다. 또한 협상을 할 때에는 상대를 철저히 무너뜨리는 것이 아니라 양쪽 모두가 가장 이익이 되는 방법으로 윈-윈 하는 협의에 중점을 두었다.

스텐버그는 프리랜서 매니저 수가 증가하기 시작하자 매니저 업무 확대를 고민하기 시작했다. 협상을 두려워하지 않는 그는 날로 더 많은 분야에 도전했다. 어느새 그의 매니저 업무는 기업을 대신해 그들이 원하는 스포츠 인재를 영입하는 일로 확대되었다.

당신이 경영자나 영업사원은 아니더라도 협상의 순간들은 일상 곳곳에 존재한다. 하지만 사람들은 여전히 협상을 근본적으로 두려워한다. 이런 두려움이 커지다 보면 외부의 압력을 참고 견디거나 남의 비위를 맞추느라 정작 원하는 목표에서 멀어진다. 심지어 지나치게 조급해지거나 감정이 격해져 협상 결렬을 초래하기도 한다. 이럴 때 필요한 것이 협상 상대를 무너뜨려야 할 적이 아니라 윈-윈을 위한 동지로 여기는 마인드이다. 이런 마음가짐이어야 협상을 즐길 수 있고, 모든 협상을 자신의 환경 혹은 처지를 개선하는 기회로 만들 수 있다.

끝날 때까지
끝난 게 아니다

협상은 어디든 존재하며, 이루고자 하는 마음이
있으면 반드시 성공할 수 있다.
— 허브 코헨

발렌티노는 의약회사에서 잔뼈가 굵은 능력자로 여러 회사에서 러브 콜을 받고 있었다. 그중 그의 능력을 눈여겨보던 한 회사가 그에게 CEO 자리를 제안했다. 발렌티노는 변호사를 선임해 계약 협상을 진행했다. 이 변호사는 고객이 원하는 최고의 조건으로 계약을 성사시키는 데 1인자였다. 그의 손만 거치면 연봉, 주식배당, 후생 복리, 상여금, 퇴직금 등이 고객에게 가장 유리한 쪽으로 정해졌다.

사실 이번 협상은 발렌티노에게 무척 불리해 보였다. 그는 이직을 계획 중인 회사의 상황에 대해 아는 바가 전혀 없었다. 대표 수중에 있는 다른 후보자들의 정보는 물론, 회사의 재무제표와 채무 자료조차 손에 넣지 못했다. 한마디로 협상에서 우위를 점하기 힘든 입장이었다. 하지만 그가 선임한 변호사의 생각은 달랐다. 우선 이 회사는 회사의 법률고문을 협상 대표로 보내는 치명적 실수를 했다. 협상이 막바지로 치달을수록 변호사는 승리를 확신하며 발렌티노에게 이렇게 말했다.

"협상 첫날부터 우리가 원하는 조건으로 계약을 따낼 수 있을 거라는 확신이 들더군요. 역시나 제 예상이 정확히 맞아떨어졌습니다. 이제 협상도 끝나가고, 발렌티노 씨는 머지않아 저 협상 대표의 상사가 되어 있겠지요. 저 사람도 그걸 잘 알고 있을 테고, 바보가 아닌 이상 발렌티노 씨를 곤란하게 하는 일은 절대 하지 않을 겁니다."

회사 측은 법률고문에게 전적으로 협상을 맡겼고, 이 때문에 절대적 우위를 점하고 있던 기존 판세가 뒤집히는 결과가 초래되고 말았다. 협상 테이블에 앉은 두 사람이 미래의 사장과 부하로 다시 만날지도 모르는 상황이었다. 사 측 법률고문은 이 점을 누구보다 잘 알고 있었고, 그 역시 살길을 도모하기 위해서라면 미래의 사장을 위해 가능한 한 좋은 계약 조건을 제공해야 했다. 그러다 보니 협상이 시작된 순간부터 발렌티노는 열세에서 우세로 돌아섰고, 법률고문은 신분적 한계에 발목이 묶여 그의 비위를 맞출 수밖에 없었다.

협상 판세는 언제라도 뒤집힐 수 있다. 설사 협상 전에 이미 양측의 우열이 확실히 나뉘어 있다 해도, 협상이 진행되면서 예상하지 못한 곳에서 역전 기회가 찾아올 수 있다. 협상 테이블은 늘 한 치 앞을 내다볼 수 없으므로, 좀 전까지 우세했다고 해서 자만하는 것은 금물이다.

6강

생각의 프레임을 바꿔라

무조건 '이것'부터 수집하라

> 협상에서 유리한 결과를 얻기 위해서는 정확한 정보를 수집하는 것이 필수 조건이다. 때로는 우리가 상대에 대해 아는 것보다 상대가 우리에 대해 파악한 정보가 더 광범위하고 정확하다는 사실에 놀랄 것이다.
> – 허브 코헨

제2차세계대전 당시 한 작가가 히틀러 군대의 세부 사항을 상세히 기술한 책을 출간했다. 이 책에는 독일군의 조직 구조, 지휘관 이름, 참모진 배치는 물론, 갓 조직된 장갑 사단 보병 소대 정보까지 언급되어 있었다. 한마디로 독일군의 군사기밀이 유출된 것이다. 경악한 히틀러는 즉시 그 작가의 체포령을 내렸다.

작가는 체포된 후 취조실로 끌려가 독일 정보국 장교의 신문을 받게 되었다. 장교는 그를 고문해 자백을 받아내긴 했지만, 예상치 못한 대답에 뒤통수를 얻어맞은 듯했다.

알고 보니 그 책에 소개된 군사기밀은 모두 당시 언론 매체를 통해 공개된 내용들에 불과했다. 예를 들어 17사단 ○○지휘관이 뉘른베르크에 주둔한다는 사실은 뉘른베르크 신문에 이미 보도된 내용이었다.

그 신문 기사에는 얼마 전 부임해 뉘른베르크에 주둔한 17사단의 ○○ 장교가 장례식에 참석할 예정이라고 적혀 있었다. 울름Ulm의 지역신문도 두 독일군 장교 집안의 자식들이 결혼식을 올린다는 기사를 실으며 두 사람의 소속 부대와 이름을 구체적으로 언급했다.

사지로 내몰렸던 작가는 죽음의 길목에서 간신히 첩자라는 누명을 벗을 수 있었다. 그가 독일군 군사기밀을 알아낼 수 있었던 것은 신문에 난 작은 기사조차 소홀히 하지 않고 그 속에 숨은 정보를 찾아낸 덕이었다.

정보화 시대를 맞아 사회에는 각종 정보가 넘쳐난다. 협상 전문가라면 협상에 앞서 상대에 관한 다양한 자료를 수집해 유리한 정보를 손에 쥐고 있어야 한다. 이때 놓쳐서는 안 될 수집 품목은 다음과 같다. 첫째, 정치적 상황, 법률제도, 사회 풍습 등 다양한 분야의 환경요인, 둘째, 협상 대상자 주변 상황, 셋째, 경쟁자 주변 상황, 넷째, 자기 주변 상황 등이다.

협상 상대를
손바닥 위에 올려라

> 과녁을 보고 활을 쏴야 한 발에 적중시킬 수 있다. 협상 대상을 알면 협상 결과가 보인다.
> – 하버드 협상연구소

하버드 협상연구소에서 가상의 협상 사례를 실험했다.

부유한 관광객이 뭄바이Mumbai 기차역에 있는 한 가게에서 마음에 드는 작은 놋쇠 주전자를 보게 되었다. 당연히 그는 가능한 한 싼 가격에 주전자를 사고 싶어했다. 관광객은 돈이 많았고, 돈을 지불하는 주체였다. 하지만 이런 이점들이 그의 협상력을 높이는 데는 전혀 도움이 되지 않았다. 협상 대상에 대해, 즉 장사꾼이 파는 놋쇠 주전자의 원가가 얼마인지, 어디로 가면 비슷한 물건이 또 있는지 등과 같은 정보를 전혀 알지 못했기 때문이다. 이런 상황에서 관광객의 풍족한 자금과 구매욕은 지불 주체로서의 우월한 지위를 맘껏 즐기게 하지 못했다. 어느 정도에 사야 싼 가격인지조차 확신이 서지 않았다.

반대로 장사꾼은 상대의 정보를 상당히 정확하게 꿰뚫고 있었다. 그는 뭄바이 기차역 인근 놋쇠 주전자 시장의 시세를 누구보다 잘 알고 있었다. 설령 이 돈 많은 여행객을 놓치더라도 그것을 사겠다고 나서는 관광객은 얼마든지 있었다. 게다가 장사꾼은 그간의 장사 경험을 바탕으로 여행객을 상대로 주전자를 언제, 얼마에 팔아야 하는지 정확히 판단할 능력도 있었다. 이것이 흥정에서 그를 상당히 유리하게 해주었다.

협상을 할 때는 상대의 정보를 내 손바닥 보듯 훤히 알고 있어야 한다. 적시에 적합한 정보를 많이 가지고 있을수록 흥정을 좌지우지하는 자신감과 배짱이 생긴다. 정보야말로 한 치 앞도 예상하기 힘든 변화무쌍한 협상 테이블에서 확실한 주도권을 쥐는 열쇠가 아닐 수 없다.

제1의 정보원은
누구인가

움직인 만큼 귀중한 정보가 들어오고 성공 확률도 높아진다.
– 빌 게이츠Bill Gates

미국 남북전쟁이 끝나갈 무렵, 돼지고기 가격이 치솟자 사람들은 너나 할 것 없이 돼지고기 사업에 뛰어들었다. 그 와중에 상인 아머는 돼지고기 가격 상승은 일시적인 현상일 뿐, 전쟁이 끝나면 곧바로 가격이 하락할 거라고 내다봤다. 그래서 그는 당장 돼지고기를 사들이지 않고, 전쟁의 추이를 지켜보며 큰돈을 벌 수 있는 때를 기다렸다.

아머는 매일 거르지 않고 신문을 보던 중 남부군의 패배를 직감했다. 다만 남부군이 얼마나 오래 버틸 수 있을지 확신이 서지 않았다. 그러던 어느 날, 신문 한구석에 난 작은 기사가 눈에 띄었다. 기사에는, 한 신부가 남부군 모 장교 군영에서 아이 몇 명을 만났는데, 다들 어디로 가면 빵과 초콜릿을 살 수 있느냐고 물었다고 쓰여 있었다. 아이들은 자신들의 아버지가 장교 수하 군관인데 지난 며칠 동안 빵을 구경조차 못했고, 말고기도 다 떨어져 먹을 것이 하나도 없다고 했다. 아머는 그 기사를 보자마자 남부군 식량 공급이 말을 죽여 먹어야 할 만큼 부족함을 알았다. 이대로라면 남부군은 오래 버틸 수 없을 것이고, 그렇다면 전쟁의 끝이 코앞에 닥친 셈이었다.

아머는 때가 되었다고 직감하며 곧장 동부 시장으로 달려가 판매상과 협상을 벌였다. 아머는 비교적 낮은 매입 가격을 제시하고 며칠 뒤에 물건을 넘기겠다고 약속했다. 동부 시장 판매상은 기꺼이 그의 제안을 받아들였다.

아머의 예상대로 며칠 지나지 않아 전쟁은 새로운 국면으로 접어들었고, 시장에 거대한 변화를 불러일으키며 돼지고기 가격의 급락을 가져왔다. 아머는 낮은 가격으로 대량의 돼지고기를 사서 며칠 전 협상한 가격으로 동부 시장 판매상에게 되팔았고, 100만 달러라는 거액의 이윤을 남겼다.

아머는 매스컴을 적극 활용해 전쟁이 끝날 시기를 정확히 예측했기 때문에 큰돈을 벌 수 있었다. 이처럼 매스컴은 양쪽이 힘겨루기를 할 때 우위를 결정 짓는 관건이다. 협상은 흐르는 물과 같아서 양측의 입장, 의도, 실력 모두 시시각각 변한다. 따라서 협상가는 매스컴의 시효성^{時效性}에 주목해야 한다. 매스컴을 통해 최신 정보와 소식을 빠르고 정확하게 파악해야 자신에게 유리한 협상 시기를 정할 수 있기 때문이다.

> 누군가와 협상을 하려면 그의 성향과 목적에 맞춰 작전을 짜야 비로소 원하는 결과를 얻을 수 있다.
> – 베이컨

구소련의 현대 예술가이자 화가 블라디미르 파보르스키Vladimir Andreyevich Favorsky는 '인민예술가' 칭호를 받은 인물이다. 그의 작품은 함축적 의미와 선명한 이미지로 시선을 사로잡았는데, 그가 독특한 작품 세계를 유지할 수 있었던 결정적 이유는 그의 협상 능력이었다.

블라디미르 파보르스키는 책 한 권의 삽화를 마치고 나면 그림 중 하나의 모퉁이에 뜬금없이 개 한 마리를 그려 넣었다. 편집장은 그림을 보는 순간 그림과 전혀 어울리지 않는 개를 지워달라고 요구했다. 그러면 파보르스키는 그와 언쟁을 벌이며 절대 개를 지울 수 없다고 버텼다. 두 사람의 얼굴이 붉어질 때쯤, 파보르스키는 은근슬쩍 한발 물러서며 개를 지우겠다고 약속했다. 편집장은 자신이 승리했다고 여기며 다른 요구를 하지 않았다.

파보르스키는 편집장의 역할을 누구보다 잘 알고 있었다. 그가 하는 일은 작품을 자신의 입맛에 맞게 수정하는 것이었다. 만약 파보르스키가 자신의 작품에 손을 대려는 편집장을 겨냥해 개 한 마리를 그려 넣지 않았다면 그의 작품은 아마도 편집장의 구미에 맞게 변질되었을 것이다. 파보르스키는 가장 효과적인 방법으로 자신의 협상 목적을 달성했고, 그의 작품은 그가 구상했던 모습 그대로 출판될 수 있었다.

협상가는 저마다의 스타일이 있다. 어떤 방법이 누군가에게 효과적이었다고 해서 다른 상대에게도 똑같으리라 기대하면 안 된다. 설사 협상 동기와 목표가 같다 할지라도 협상 방식은 그 대상에 따라 달라져야 한다. 이 때문에 사전에 협상 대상의 스타일을 철저히 파악하고, 그들의 특징에 따라 다른 작전을 세우는 융통성이 필요하다.

관심사에
주목하라

> 상대의 관점을 이해하는 것과 거기에 동조하는 것은 별개의 문제이다. 단, 한 가지 확실한 것은 상대의 생각을 이해할수록 상황에 대한 판단이 달라질 수 있다. 이것은 대가의 지불이 아니라 일종의 획득으로, 충돌 범위를 줄이고, 새로운 이익 창출에 도움을 받을 수 있다.
> – 하버드 협상연구소

조 지라드Joe Girard는 기네스북이 인정한 현존하는 세계 최고의 판매왕이다. 아래 이야기는 그가 어떤 방식으로 판매왕이 되었는지 알 수 있는 일례이다.

낯가림이 심한 한 사내가 지라드가 근무하는 자동차 대리점으로 들어왔다. 지라드는 그가 뭔가를 묻기도 전에 먼저 다가가 웃으며 말을 걸었다.

"제가 처음 본 사람의 직업을 맞히는 데 일가견이 좀 있습니다. 지금까지 십중팔구는 맞혔으니 이 정도면 대단한 능력이죠."

사내는 미소만 지을 뿐 아무 대답이 없었다. 지라드는 잠시 그를 주시하다 이내 확신에 찬 듯 대답했다.

"장담하건대 선생님께서는 변호사가 확실합니다."

그러자 사내는 당황한 듯 얼른 부인했다.

"아, 아닙니다."

지라드는 그 틈을 놓치지 않고 되물었다.

"그렇습니까? 그럼 선생님의 직업이 뭔지 여쭤봐도 될까요?"

사내는 잠시 머뭇거리다 겸연쩍은 표정으로 대답했다.

"제 직업이 그리 흔치 않은 일이라 맞히시기 힘드실 겁니다. 사실 저는 소를 도축하는 일을 하고 있답니다."

그러자 지라드는 당황하기는커녕 호기심이 가득한 목소리로 물었다.

"와! 정말 대단한 일을 하시네요! 우리가 먹는 소고기가 대체 어떤 과정을 거쳐 식탁에 오르는지 늘 궁금했었거든요. 선생님께서 일하시는 곳을 한번 구경시켜주실 수 있으신가요?"

지라드의 말은 그냥 한번 해보는 형식적인 말이 아니었다. 그의 진심은 고스란히 고객에게 전해졌고, 두 사람은 무려 20분이 넘게 소에 관한 이런저런 이야기를 나누었다. 그사이 사내는 지라드에 대한 믿음이 생겼고, 그가 추천해준 자동차를 주저 없이 계약했다. 이뿐 아니라 지라드를 자신이 일하는 곳으로 초대해주기까지 했다.

지라드는 고객의 관심사를 찾아 협상의 포문을 열었고, 그것을 계기로 서로의 거리를 좁히며 공감대를 형성해나갔다. 그것이 바로 지라드가 판매왕이 된 비법 중 하나였다.

협상에 앞서 상대의 관심사를 알아둔다면 비교적 순조롭게 소통의 물꼬를 틀 수 있다. 이 점을 간과하면 인사를 나눈 후 어색한 침묵이 이어지고, 자칫 협상 분위기 자체가 만회하기 힘든 지경으로 내몰릴 수 있다. 따라서 협상가는 상대의 관심사를 소통의 열쇠로 삼아 서로를 가로막은 벽을 허물 줄 알아야 한다.

이면의 목표를
파악하라

고객이 원하는 모든 것, 즉 표면적인 목표 외의
이면적인 목표를 명확히 알고 있어야 양보와 흥
정을 할 때 유리한 고지에 설 수 있다.
– 하버드 협상연구소

    한 부동산 개발업자가 아무도 눈여겨보지 않던 지역의 토지를 매입해 작은 별장 몇 채를 지었다. 당시 사람들은 도시화가 남쪽이 아닌 북쪽을 향할 거라고 생각했고, 따라서 누구도 그 땅에 눈을 돌리지 않았다. 별장 부지는 남쪽에 있었고, 도로에서 너무 멀었으며, 심지어 길도 제대로 깔려 있지 않았다. 그렇다 보니 부동산 개발업자의 직원조차 그의 선택에 연신 불만을 터뜨렸다. 그곳에 갈 때면 늘 거친 황무지로 떠나는 느낌마저 들 정도였다. 사장도 자신의 선택에 점점 자신이 없어졌다.

    1년 6개월이 지난 후 어느 날, 한 사람이 부동산 개발업자를 찾아왔다. 그는 이 부지를 개발하는 데 든 투자 비용의 2배를 지불하고서라도 땅을 사고 싶다며 적극적으로 매입 의사를 밝혔다. 그는 이곳이 한

적하고 조용해서 마음에 든다고 했다.

  부동산 개발업자는 미심쩍은 마음이 들어 그의 제안에 선뜻 대답하지 않고 그가 돌아간 후 인맥을 총동원해 별장 부지에 관한 정보를 알아보았다. 그 과정에서 이 업자는 놀라운 소식을 접했다. 알고 보니 머지않아 별장 부지 근처에 대형 서점과 상가, 아파트 단지가 들어서고, 사방으로 연결되는 도로가 건설될 예정이었던 것이다. 부동산 개발업자가 소유한 땅과 건물의 가치는 단숨에 몇십 배로 치솟았다.

협상 상대가 예상 밖의 조건을 제시하며 거래를 시도한다면 그 이면에 숨은 다른 의도에 촉각을 곤두세워야 한다. 때로는 겉으로 드러난 목적이 전부가 아닐 수 있기 때문이다. 상대의 협상 목표와 그 협상을 통해 얻게 될 이해득실을 간파해야 자신에게 유리한 협상을 이끌 수 있다.

의심 많은
사람이 되라

거짓말을 한 사람이 얻는 것은 무엇일까? 바로
진실을 말해도 아무도 믿지 않는 것이다.
— 이솝Aesop

1960년대 이전까지 일본 오토바이산업은 거의 황무지 수준이었다. 당시 일본 오토바이는 전부 해외에서 수입하고 있었다. 1969년, 일본 정부는 자국의 오토바이산업을 육성하기로 결정했다. 일본의 국력을 감안해볼 때, 해외 오토바이 기술을 사들이는 데는 아무런 문제가 없었다. 그래서 나온 제안 중 하나가 세계 오토바이 생산 대국 프랑스의 특허 기술을 사들이고, 생산 라인을 그대로 도입하자는 것이었다.

프랑스는 일본의 이런 생각을 전해 듣고 곧바로 일본 정부에 기술이전을 약속했다. 그들은 자신들의 생산 라인을 도입하면 4년 안에 오토바이 600만 대를 생산 가능한 공장을 세울 수 있다고 장담했다. 그러나 일본은 그 제안에 바로 응하지 않았다. 대신 그들은 국내의 오토바이 기술자 중 기술과 경험이 풍부하고 연구 능력을 갖춘 200명을 뽑았다. 그리고 그들을 12개 조로 나눠 세계 유명 오토바이 생산 공장으로 견학을 보냈다. 이 12개 조는 각자 맡은 생산 공장을 찾아가 일본이 오토바이산업을 육성하기 위해 대량의 오토바이를 구매할 예정이라고 알렸다. 또한 그곳에서 구입한 샘플 기계를 국내로 가져가 비교한 후 계약을 결정하겠다고 말했다. 그 덕에 그들은 세계적으로 유명한 오토바이의 생산 현장을 참관하며 오토바이 성능, 구조 등에 대해 자세한 설명을 들을 수 있었다.

1년간의 참관을 마무리 지은 12개 조는 170여 개의 오토바이 샘플 기계뿐 아니라 대량의 기술과 특허 자료를 가지고 금의환향했다. 그리고 그 기술을 취합해 신형 오토바이를 설계하기 시작했다.

일본이 이 모든 과정을 거쳐 오토바이 생산 공장을 세우기까지는 4년 정도의 시간이 걸렸다. 물론 프랑스 특허 기술을 도입해 공장을 지었어도 4년이 걸렸을 것이다. 하지만 이 4년은 똑같은 4년이 아니다. 일본은 오로지 자국의 기술력으로 자국 브랜드 오토바이를 만드는 데 성공했고, 혼다 같은 대기업이 탄생할 수 있었다.

협상 중 고의로 거짓 정보를 노출하는 것 또한 상대의 잘못된 판단을 유도해 협상을 유리하게 만드는 전략 중 하나이다. 그래서 협상 전문가는 협상 중 오가는 거짓 정보를 절대 믿지 말라고 충고한다. 설사 상대의 부주의로 누설된 정보라 할지라도 함부로 믿어서는 안 된다. 특히 서로의 이해관계와 관련된 정보일수록 철저히 자신의 눈과 귀를 막아야 한다.

협상 환경을
함부로 바꾸지 마라

환경은 사람들의 언어, 종교, 문화, 습관, 의식
형태와 행동 양식을 결정한다.
— 오언Robert Owen

세일즈맨 잭은 박람회에서 한 회사 제품이 무척 마음에 들었다. 그래서 해당 회사 사장에게 합작 의사를 밝히고 협상을 시도했다. 협상은 순조롭게 진행되었고, 30분 만에 계약 체결을 위한 대략적인 가이드라인이 완성되었다. 두 사람은 박람회가 끝난 후 잭의 회사에서 다시 만나 구체적인 문제를 더 논의하기로 했다.

  사장은 약속 시간에 맞춰 잭의 회사를 방문해, 잭이 보낸 구매 담당자와 협상을 벌였다. 그런데 2시간이 지나도록 양측은 아무런 합의도 이루지 못한 채 의견 조율에 난항을 겪었다. 결국 사장은 잭과 다시 이야기해보겠다고 말하며 협상을 중단했다.

  얼마 후 다시 만난 사장과 잭은 박람회에서 협의했던 합작안에 따라 협상을 진행했고, 고작 2분 만에 모든 협상이 마무리되었다.

이처럼 협상 환경이 달라지는 것만으로도 그 결과 또한 완전히 달라질 수 있음을 명심해야 한다.

협상 환경이 심리적 압박을 초래해 협상 실패로 이어지는 사례가 적지 않다. 협상을 준비하기에 앞서 환경에 특별히 신경을 써야 하는 이유가 바로 여기에 있다. 만약 상대의 본거지 혹은 세력 범위 안에서 협상을 하게 되면 상대는 비교적 유리한 입지에 서 있을 수밖에 없다. 물론 때로는 이런 환경이 당신에게 더 유리하게 작용할 수도 있다. 상대가 자신의 본거지 혹은 환경에서 심리적 여유를 느끼고 있는 만큼 그의 마음을 파고들 수 있는 여지가 더 커지기 때문이다.

첫 번째 질문,
최상의 대안이 있는가

대안이 이상적일수록 협상력도 강해진다.
- 하버드 협상연구소

한 마을과 글로벌 대기업이 공장 세금 인상 문제를 놓고 협상을 벌였다. 대기업은 마을과 인접한 대지에 공장을 세워 가동 중이었는데, 매년 마을에 후원비 명목으로 30만 달러를 지불해왔다. 그리고 이번 협상을 통해 그 비용을 230만 달러로 인상했다.

회사와 마을의 상황을 비교해본다면 말도 안 되는 결과였다. 회사는 막대한 자본을 보유한 글로벌 기업이고, 그들이 세운 공장 역시 마을이 경제적 어려움에 처해 있을 때 주민들에게 무수히 많은 일자리를 창출해주었다. 만약 회사가 공장 문을 닫거나 이전한다면 마을은 예전보다 더 어려운 상황에 빠질 터였다. 그럼에도 회사는 공장을 지켜야 했기 때문에 회사의 막강한 자본과 힘은 협상을 위한 최상의 대안이 될 수 없었다. 반면에 마을은 누구도 무시할 수 없는 대안이 있었다. 후원비 인상 요구가 좌절될 경우를 대비한 그들의 대안은 바로 마을 경계선을 확장해 공장을 마을 범위 안에 포함시키고, 거주세를 100퍼센트 징수하는 것이었다. 이 세금만도 매년 대략 250만 달러에 달했다. 이렇게 마을은 대기업을 상대로 당당하게 협상을 벌여 원하는 바를 얻어낼 수 있었다.

하버드 협상연구소에 따르면 협상에서 양측 능력은 그들의 재력, 정치적 권력이 아니라 최상의 대안에 따라 결정된다. 협상의 대안은 승자를 가늠하는 기준이다. 대안만 있다면 상대의 불리한 요구를 울며 겨자 먹기로 받아들일 필요도 없고, 절대 거절하지 말아야 할 협의를 거절하는 일도 생기지 않는다. 또 최상의 대안은 새로운 협상안을 찾을 때도 도움을 준다. 협상 고수는 기준선에 못 미치는 협상안을 단칼에 거절하기보다 상대의 제안과 자신의 대안을 비교해 좀 더 이익인 쪽을 선택하는 편이 낫다는 것을 누구보다 잘 알고 있다.

두 번째 질문,
협상 목적이 분명한가

목적이 없는 노력은 마치 어둠 속에서 길을 찾는 것과 같다.
- 영국 속담

마케팅을 전공한 졸업 예정자들이 두 조로 나뉘어 회사 두 곳의 세일즈 실무에 투입되었다. 한 회사는 대학생들을 교육할 때 영업 결과를 강조했다. 그들은 모든 세일즈 협상의 최우선 목적은 판매라고 말했다. 또 다른 회사는 고객과의 소통을 강조했다. 학생들은 3개월 동안 교육을 받은 후 현장에서 직접 고객을 만났다. 판매를 강조한 회사의 학생들은 오로지 판매에만 집중했다. 반면 소통을 중시한 회사의 학생들은 고객과의 소통에 대부분의 시간을 할애했다. 1분기 분석 결과, 전자의 판매량이 후자보다 3배가량 높았다.

그 후 두 회사는 각각 고객을 상대로 조사를 실시했다. 그 결과 대다수 고객이 판매에 집중한 학생들에게 더 높은 점수를 주었다. 비록 그들은 뛰어난 화술로 고객의 마음을 사로잡지는 못했지만 거래로 이어질 만한 기회를 놓치지 않기 위해 노력했다. 그러다 보니 고객들도 목표를 향한 그들의 확고한 의지와 적극적인 자세에 동화되었다. 반면 소통의 기교를 중시한 대학생 집단의 경우 고객을 기분 좋게 해주기 위해 노력은 했지만 실적을 내겠다는 당위성과 적극성이 상당히 부족해 보였다는 평가를 받았다. 더구나 그들은 이런 이유로 성사 직전의 거래를 여러 번 놓치기까지 했다.

협상의 최종 목표는 양측이 합의에 도달하는 것이다. 하지만 협상을 진행하다 보면 서로 더 큰 이익을 챙기기 위한 의견 충돌을 피하기 어렵다. 그래서 협상가는 협상에 앞서 자신의 목적을 명확히 해야 한다. 또한 그 목표만을 바라보며 목표 실현에 필요한 것에만 온 신경을 집중해야 한다. 이 점을 소홀히 하면 논쟁과 충돌이 초래되고, 배가 산으로 가게 되며, 결과적으로 협상 목적도 달성할 수 없다.

세 번째 질문,
협상 순서가 합리적인가

> 중요한 의제를 다루는 협상일수록 의사일정을 정하는 순간 게임은 이미 시작된 것이다. 의사일정 배치는 그것 자체가 하나의 중요한 전략이라고 할 수 있다.
> – 하버드 협상연구소

오즈는 상사에게 위임을 받아 대니얼과 협상을 했다. 오즈의 상사는 다른 것은 다 양보해도 가격만큼은 무슨 일이 있어도 지켜내야 한다고 신신당부했다. 그 가격은 회사에서 정한 마지노선이었다.

오즈와 대니얼이 협의해야 할 내용은 총 다섯 가지였고, 그중 가격은 두 번째 의제였다. 두 사람은 힘겨운 논쟁 끝에 첫 번째 의제에 합의했고, 뒤이어 두 번째 의제인 가격 문제로 넘어갔다. 하지만 아무리 논의를 거듭해도 이견이 줄어들 기미를 보이지 않았다. 오즈는 가격 문제를 가장 마지막에 협의하자고 제안했고, 대니얼도 가격 문제를 잠시 보류하는 데 동의했다.

오즈와 대니얼은 나머지 의제를 먼저 논의했고, 시간은 좀 걸렸지만 양쪽 모두 만족스러운 합의가 이루어졌다. 이제 가격 문제 협의만 남아 있었다. 순간 오즈는 협상에서 이길 수 있다는 확신이 들었다.

"이제 두 번째 의제인 가격 문제로 다시 돌아가야겠죠?"

대니얼이 대답했다.

"물론이죠. 이제 가격 면에서 서로 양보하는 일만 남았네요."

대니얼의 말을 듣고 난 후 오즈가 대답했다.

"정말 죄송하지만 저희 회사 측 가격은 확정된 것이라 제 선에서 그 어떤 양보도 할 수가 없습니다."

그제야 대니얼은 자신이 협상의 덫에 걸려들었음을 깨달았다. 만약 자신과 오즈의 협상이 결렬되면 지금까지 공들인 시간과 노력이 모두 헛수고가 되고, 심지어 오즈보다 더 상대하기 힘든 사람과 협상을 진행해야 했다. 모든 상황을 고려해본 결과 대니얼은 어쩔 수 없이 가격 문제에서 양보를 해야 했고, 오즈는 자신의 목적을 달성할 수 있었다.

협상 의제 순서를 합리적으로 배치하는 것은 매우 중요한 부분이다. 가격, 원가, 이윤, 임금 등 민감한 문제의 협상을 진행할 때 가장 좋은 방법은 바로 그런 의제를 마지막 협의로 보류하는 것이다. 협상이 후반부로 갈수록 상대방은 자신이 투자한 엄청난 시간과 노력에 발이 묶여 점점 유연한 태도를 보이게 된다. 이때야말로 민감한 문제의 양보를 얻어낼 절호의 기회이다.

네 번째 질문, 지연에 대비했는가

> 협상은 상대의 최종 확인을 거쳐야 비로소 승리를 이야기할 수 있다.
> – 하버드 협상연구소

미국과 베트남은 1968년부터 파리에서 정전 협상을 시작했다.

당시 미국 측 대표는 가능한 한 빨리 협상을 끝낼 작정으로 파리의 고급 호텔에 머물며 매일 숙박비를 계산했다. 반면 베트남 대표는 파리 근교의 별장을 빌려 2년 계약을 맺고 장기전에 돌입했다.

미국은 하루라도 빨리 협상을 끝내는 데 급급했고, 베트남은 하루라도 더 협상을 끌기 위해 노력했다. 이 때문에 베트남은 협상 주도권을 쥐게 되었고, 무려 4년간의 힘겨운 협상을 통해 원하는 바를 얻어냈다.

협상가는 협의 과정에서 맞닥뜨릴 문제를 폭넓게 고민하고, 협상 과정을 다각도에서 바라보고 대안을 마련하며, 협상 지연에 따른 대비책을 세워두어야 한다.

특히 협상가는 한번 앉으면 끝을 볼 때까지 일어나지 않는다는 마음으로 협상 테이블에 앉아야 한다. 그래야 상대의 지연전에 휘말리지 않을 수 있다. 만약 협상가가 지연전에 대비해 아무런 마음의 준비를 하지 않으면 결국 백기를 들게 될 수 있다.

모의 협상

> 협상가는 협상에 앞서 머지않아 마주할 상대의 모든 것을 복기해야 한다. 그가 원하는 바, 협상 목표, 영향력, 관심사, 됨됨이 등을 정확히 간파하고 있어야 실전에서 맞닥뜨릴 문제에 순발력 있게 대응할 수 있다.
> – 하버드 협상연구소

존스는 플랜트 설비를 생산하는 미국 다국적 기업의 부사장이었다. 그가 책임지고 진행한 한 신형 생산 설비는 투입과 산출 비율을 대폭 끌어 올릴 수 있어 시장 반응도 좋고, 판매율도 증가 추세였다. 설명서대로라면 이 설비는 시간당 운행 속도가 최고 1,300바퀴였다. 그런데 고객들이 실제로 사용해본 결과, 시간당 운행 속도가 1,300바퀴를 초과하거나 심지어 1,800바퀴까지 가는 경우도 있었다. 이 점은 고객들을 매료시켰다. 문제는 이런 초고속 운행 속도가 지속되면 자칫 설비 고장이 발생할 수도 있다는 것이었다.

이 설비의 기술 책임자였던 존스는 시간당 운행 속도가 1,300바퀴를 넘으면 안 된다고 명확히 규정할 것을 제안했다. 그러지 않은 상태에서 생산 설비에 고장이 발생하면 회사의 명예에 먹칠을 하게 되고, 자신의 앞길에도 먹구름이 낄 터였다. 하지만 이 제안은 판매 총괄책임 부사장 파커의 반대에 부딪혔다. 그는 존스의 제안대로 하면 해당 설비의 시장 경쟁력이 약해지고, 결국 판매에까지 악영향을 미친다고 반박했다. 또한 규정을 명문화할 경우 자신의 판매 실적이 저하될 것을 우려했다. 서로의 입장이 판이하다 보니 한 치의 양보도 없는 접전이 이어졌고, 결국 두 사람은 내부 협상을 하기로 결정했다.

협상 목적을 달성하기 위해 존스는 사전 준비에 공을 들였고, 실제 협상에 앞서 모의 협상까지 진행했다. 그는 실전과 똑같이 각자의 역할을 배치한 후, 파커의 입장에서 제기할 수 있는 모든 문제와 반론을 체크하고, 그에 맞설 변론을 준비했다. 또한 모의 협상을 바탕으로 실행 가능한 구체적 해결 방안과 전략을 확립했고, 문제점이 드러난 협상 방안은 철저하게 수정하고 보완했다. 그 결과 협상은 존스의 예상대로 진행되었고, 그는 협상 주도권을 쥐고 주장을 관철할 수 있었다.

협상을 하기 전에 명확한 목표, 자료 수집, 협상 방안과 전략의 정확성 여부 및 실행 가능성을 살펴보는 데는 모의 협상만큼 좋은 방법이 없다. 또한 모의 협상을 통해 실제 협상 중 맞닥뜨릴 반론, 갈등, 문제 제기 등을 예측할 수 있고, 부족한 점을 미리 파악하여 보완할 수 있다.

7강

첫수로 주도권을 잡아라

분위기 메이커가 되라

> 협상을 시작할 때 양측의 사이가 너무 멀어서도 안 되지만 너무 가깝게 마주 앉는 것도 피해야 한다. 비교적 가까운 거리에서 나란히 앉아야 분위기가 훨씬 부드러워질 수 있다.
> – 하버드 협상연구소

1943년, 영국 수상 윈스턴 처칠Winston Churchill과 프랑스 대통령 드골Charles De Gaulle이 카사블랑카회담에서 만나 시리아 문제를 논의했다. 당시 양측은 시리아 문제에 대해 상반된 견해를 드러내고 있었다. 특히 골칫거리는 드골이 부아손Bouasone 총독을 체포하겠다고 선언한 데 반해 처칠은 그를 아주 마음에 들어했다는 것이다. 이로 인해 두 사람 간 갈등의 골은 점점 깊어졌다.

회담 첫날, 처칠이 먼저 개회사를 하며 프랑스어로 말문을 열었다.

"숙녀분들은 먼저 거리로 나가 구경을 좀 하시고, 드골 대통령과 다른 신사분들은 저와 함께 정원을 거닐며 이야기를 나누시지요."

뒤이어 처칠은 영어로 더프 쿠퍼Duff Cooper 영국 대사에게 말했다.

"제 프랑스어가 괜찮았죠? 영어가 유창한 드골 장군께서도 제 프랑스어를 완벽하게 이해하셨을 테니 말입니다."

처칠의 말이 끝나기 무섭게 회담장은 유쾌한 웃음과 박수 소리로 가득 찼다. 그곳에 자리한 사람들은 모두 처칠의 프랑스어 실력은 형편없지만 드골은 영어를 유창하게 구사한다는 사실을 알고 있었기 때문이다.

처칠의 이 유머러스한 개회사는 양측의 긴장된 분위기를 풀고 부드러운 분위기 속에서 협상을 진행하는 데 큰 도움이 되었다.

협상을 시작할 때의 분위기는 대부분의 상황에서 매우 중요하다. 초반에 조성된 가볍고 유쾌한 분위기가 협상 전체를 이끌어갈 수 있기 때문이다. 협상 분위기가 좋으면 불필요한 긴장을 덜게 된다. 반대로 협상을 시작할 때 좋은 분위기를 만드는 데 실패하면 협상 내내 답답하고 어두운 분위기에 휩싸여 소통이 원활하게 이루어지기 힘들다. 그러면 양측 모두 심리적 부담감이 커져, 협상 지연으로 이어질 가능성이 높다.

서두는 가볍게

> 가볍게 나누는 인사말 또한 협상의 성공을 알리는 신호탄이 될 수 있다.
> – 하버드 협상연구소

미국 거부 조지 이스트먼George Eastman은 코닥Eastman Kodak Company의 창업주로 공익사업에 열정을 바쳤다. 이스트먼은 거액의 자금을 들여 콘서트홀, 기념관과 극장을 지었다. 완공일이 다가오자 수많은 가구업자들이 새로 지은 건물에 의자를 납품하기 위해 몰려들었다. 그러나 다들 아무런 소득도 거두지 못한 채 돌아가야 했다.

고급 의자회사 사장인 제임스 애덤슨 역시 8억 달러에 달하는 의자 납품 주문 건을 따내고 싶었다. 애덤슨이 이스트먼을 만나러 갔을 때 그의 비서가 살짝 귀띔을 해주었다.

"미팅 시간이 5분을 넘기면 납품 건은 물 건너갔다고 생각하시면 됩니다."

애덤슨은 사무실에 들어선 후 무척 바빠 보이는 이스트먼에게 곧바로 인사를 건네지 않고 대신 찬찬히 사무실을 둘러보았다. 잠시 후 이스트먼이 그에게 용건을 말하라고 했을 때도 그는 사무실 인테리어를 먼저 칭찬했다. 이스트먼은 그의 칭찬에 금세 기분이 좋아졌다. 사실 그는 자신이 직접 인테리어에 신경 쓴 사무실에 애착이 있었다.

애덤슨은 창가로 걸어가 창틀을 만지며 말했다.

"이 창틀은 영국산 상수리나무 아닙니까? 최상급 품질의 나무죠."

기분이 좋아진 이스트먼은 사무실 안의 장식들을 이것저것 소개해 주었다. 그의 이야기는 재료와 색상 선별을 비롯해 본인이 인테리어에 참여한 과정으로 이어졌다. 애덤슨은 적절하게 맞장구도 쳐주며 그의 이야기에 귀를 기울였다.

애덤슨은 이스트먼의 이야기가 한창 무르익었을 때 기회를 놓치지 않고 그의 인생 이야기로 화제를 전환했다. 이스트먼은 가난했던 청소년 시절부터 시작해 코닥을 세우기까지의 과정과 자신이 공들이고 있는 공익사업에 대한 이야기를 허심탄회하게 들려주었다. 애덤슨은 진심으로 그의 이야기에 빠져들었고, 그의 자선사업에 경의를 표했다.

두 사람의 대화는 무려 2시간 가까이 이어졌다. 심지어 이스트먼은 그에게 오찬을 같이하자고 청하기까지 했다. 애덤슨은 이스트먼과 헤어지기 전까지 납품에 관한 이야기를 단 한 마디도 꺼내지 않았다. 그러나 그는 이스트먼 회사의 의자 납품 건을 따내는 데 성공했고, 이스트먼과도 죽을 때까지 친구로 지냈다.

일면식도 없는 두 사람이 협상을 하게 되면 어색한 분위기에 빠지기 쉽다. 이런 상황에서 다짜고짜 본론으로 들어가면 순조로운 논의에 걸림돌이 된다. 따라서 협상이 시작되기 전, 날씨, 근황, 예술 등 비교적 가벼운 화제로 긴장을 푸는 것이 중요하다. 일상생활에서 흔히 하는 인사치레들이 서로의 거리를 좁혀주고 경직된 분위기를 푸는 윤활유가 되어준다.

빨리 던져야 할 미끼

자신의 입장에 영향을 주지 않는 선에서 상대가
필요로 하는 것을 줄 수 있다면 가능한 한 빨리
그 미끼를 던져 상대를 유인하라.
– 하버드 협상연구소

파울러는 미국 루이지애나 주의 가난한 흑인 농가에서 태어났다. 그의 형제자매는 무려 일곱 명이나 되었다. 다른 농가 아이들처럼 파울러 역시 다섯 살이 되자 노새 끄는 일을 맡았고, 아홉 살 때까지 그 일을 계속했다. 하지만 그는 평생 이렇게 살다 죽고 싶지는 않았다. 그는 남들과 다른 일을 하고 싶었고 지긋지긋한 가난에서 벗어나고 싶었다. 그는 방문판매로 비누 장사를 해보기로 결심했다.

그렇게 12년의 세월이 흐른 어느 날, 파울러에게 비누를 납품해주던 회사가 경매로 나왔다는 소문이 그의 귀에 들어왔다. 파울러는 그 회사를 사고 싶은 마음이 굴뚝같았다. 하지만 회사 경매가는 15만 달러였고, 그가 가진 돈은 고작 2만 5천 달러에 불과했다.

파울러는 비누회사 사장을 찾아가 일단 보증금 2만 5천 달러를 내고, 남은 금액 12만 5천 달러를 10일 안에 지불하겠다고 약속했다. 또한 그는 약속을 지키지 못할 경우 보증금은 돌려받지 않겠다고 조건을 달았다.

그날 이후 파울러는 정신없이 돈을 빌리러 다녔고, 10일째 되던 날 밤이 되어서야 간신히 11만 5천 달러를 모을 수 있었다. 이제 남은 금액은 1만 달러뿐이었다. 하지만 이미 모든 인맥을 동원해 돈을 빌린 상태라 더 이상 돈이 나올 구석이 없었다. 마음이 다급해진 파울러는 무릎까지 꿇고 하나님을 찾으며 1만 달러를 빌릴 수 있는 사람에게 자신을 인도해달라고 빌어도 보았다. 그리고 무작정 차를 몰고 61번가로 향했다. 그는 그곳에 즐비한 사무실 중 아직까지 불이 켜져 있는 곳으로 들어가 죽기 살기로 매달려볼 작정이었다.

파울러가 61번가로 향했을 때는 이미 11시경이었다. 몇 블록을 돌고 나서야 불이 환하게 켜져 있는 한 시공업체 사무실이 눈에 들어왔다. 파울러는 사무실로 들어갔다. 피곤에 찌든 사내가 책상 앞에 앉아 야근을 하고 있었다. 자세히 보니 파울러도 아는 사람이었지만 서로 안면만 있을 뿐 인사를 나눈 적도 없는 사이였다. 어쨌든 지금부터 파울러는 무조건 그 사내를 설득해야 했다. 1만 달러가 적은 돈은 아니었기에 그에게도 큰 모험이 아닐 수 없었다.

"혹시 1천 달러를 벌고 싶지 않으신가요?"

파울러는 단도직입적으로 물었다. 시공업자는 그 소리를 듣자마자 벌떡 일어나 당연히 1천 달러를 벌고 싶다고 대답했다.

"사장님이 지금 제게 1만 달러를 빌려주신다면 그 돈을 돌려드릴 때 1천 달러를 이자로 쳐서 드리겠습니다."

파울러는 시공업자에게 믿음을 주기 위해 자신이 돈을 빌리려는 목적을 설명하고, 이미 돈을 빌려준 사람들의 명단을 보여주었다. 사실 시공업자는 가만히 앉아서 1천 달러를 벌 수 있다는 말에 마음이 흔들린 상태였다. 게다가 파울러의 설득 역시 그를 신뢰하기에 충분했다. 결코 적지 않은 돈이었지만 시공업자는 그 자리에서 바로 수표를 끊어주었다.

다음 날 파울러는 무사히 비누회사를 인수했고, 그 회사를 발판 삼아 양말회사, 화장품회사, 신문사, 라벨 제작회사 등 7개 회사와 호텔을 경영하는 성공한 기업인이 되었다.

협상 테이블에서 이익 배분은 상대로부터 원하는 것을 얻어낼 수 있는 중요한 미끼이다. 만약 협상가가 금전 등 다방면의 이익을 내걸어 상대에게 확신을 줄 수 있다면 협상 본래의 목적을 이루는 데 더 유리하다.

논쟁은 금물

> 협상이 막 시작될 때 상대와 논쟁하는 것은 금물이다. 대립만 초래할 뿐이다.
> – 로저 도슨

로저 도슨이 변호사 50명을 대상으로 강의를 한 적이 있었다. 이들은 주로 의료사고 소송을 담당하는 변호사들이었다. 당시 그들은 로저 도슨의 협상 전략 강의에 별다른 관심이 없었다. 하지만 각자 소속된 로펌에서 강의를 듣지 않으면 소송을 맡길 때 우선권을 주지 않겠다며 반강제로 떠민 탓에 싫어도 참석해야 했다.

로저 도슨은 이들에게 한 가지 토론 주제를 제시했다. 수녀 한 명이 의료사고를 당해 외과 의사를 상대로 소송을 제기했다는 가정이었다. 토론이 시작되자 예상치도 못한 광경이 펼쳐졌다. 수업에 별다른 관심을 보이지 않던 변호사들이 서로를 잡아 죽일 것처럼 설전을 벌인 것이다. 논쟁이 치열해지자 심지어 상대에게 욕설을 내뱉는 변호사도 있었다. 결국 로저 도슨은 그들의 논쟁을 중단시킬 수밖에 없었다. 그리고 변호사들에게 비교적 낮은 비용으로 그 의료사고 소송을 끝내려면 협상 시작 단계부터 상대를 몰아붙여서는 안 된다고 설명했다.

협상을 어떻게 시작하느냐에 따라 그 결과가 달라질 수 있다. 협상가의 말과 행동을 통해 상대는 윈-윈의 대안을 찾을 수 있을지 여부를 판단한다. 따라서 협상의 출발점에 서 있을수록 말하는 방식에 신경 써야 한다. 설사 상대의 말에 동의하지 않는다 해도 반박에 급급해서는 안 된다. 자칫 상대의 반감을 사고, 협상을 더 어렵게 만들 수 있다.

온몸으로 말한다

> 협상은 힘, 정보, 시간이 균형을 이룬 상태에서,
> 공통의 관심사와 신뢰가 뒷받침되어야 한다.
> – 허브 코헨

자동차 세일즈맨 마이크는 인사차 고객의 사무실을 찾았다가, 한 직원이 컴퓨터 앞에 앉아 자동차 사진을 검색하고 있는 모습을 우연히 보게 되었다. 순간 마이크는 그를 잠재 고객으로 확신했고, 기회를 놓치지 않고 다가가 말을 걸었다.

"여기 저희 회사에서 판매 중인 자동차 카탈로그가 있는데, 좀 보시겠어요?"

그러자 잠재 고객은 귀찮다는 듯 손을 내저으며 바빠서 나가봐야 한다고 말했다. 마이크는 전혀 위축되지 않고 얼른 다시 말을 걸었다.

"5분만 시간을 내서 봐주신다면 괜히 시간낭비만 했다는 생각은 절대 안 드실 겁니다. 그래도 정 시간이 안 나시면 여기 두고 갈 테니 나중에라도 꼭 한번 훑어봐 주십시오."

마이크는 말을 하는 동안에도 남자들이 선호하는 차종의 사진을 여러 장 보여주며 잠재 고객의 표정을 살폈고, 한 장의 사진에 멈춘 그의 시선을 포착했다. 과연 마이크의 짐작대로 잠재 고객은 방금 본 자동차에 호기심을 보이며 지갑을 들고 나가려다 말고 다시 자리에 앉았다. 마이크는 쇠뿔도 단김에 빼야 한다는 말처럼 그 순간을 놓치지 않고 곧장 자동차 판매에 들어갔다.

이처럼 마이크는 고객의 표정과 행동에서 드러나는 미묘한 변화에서 그의 마음을 읽어냈고, 이것을 협상 기회로 삼았다. 만약 마이크가 고객의 심리적 변화를 감지하지 못했다면 협상은 시도조차 하지 못한 채 한 명의 잠재 고객을 놓쳤을 것이다.

협상에 성공하려면 상대의 표정과 행동 변화에 민감하게 반응할 수 있어야 한다. 그래야 그의 관심사가 무엇인지 포착해 협상 기회로 삼을 수 있다. 예를 들어 상대가 턱을 문지르며 골똘히 생각에 잠겨 있다면 소통에 문제가 있다는 신호이다. 이럴 때는 자신에게서 먼저 문제점을 찾아보아야 한다. 어쩌면 상대의 관심사를 잘못 파악해 상대가 아무런 흥미를 느끼지 못하는 것일 수도 있다. 그럴 경우 협상을 멈추고 상대에게 이해하지 못한 부분이 있는지, 혹은 다른 문제가 있는지 일단 확인하고 넘어가는 것이 좋다. 협상을 포기할 마음이 없다면 상대의 세세한 행동과 표정을 유심히 관찰해 소통을 위한 해답을 찾아내야 한다.

현실성 있는 대안을 준비하라

> 노련한 협상가는 논의에 들어가기 전 미리 몇 가지 대안을 준비해놓는다. 이는 현장 상황에 맞춰 가장 현실적인 대안을 제시하기 위함이다.
> – 하버드 협상연구소

당신이 사장과 연봉 인상 협상을 벌이고 있다고 가정해보자. 당신이 4천 달러의 인상을 요구하자, 사장은 1,500달러밖에 올려줄 수 없다고 했다. 당연히 당신은 사장의 대답에 만족할 수 없을 것이다. 그러나 잔뜩 경직된 분위기 속에서 합리적인 대안이 선뜻 떠오르지도 않는다. 이때 당신이 2천 달러의 인상을 제시하고, 나머지 2천 달러를 별도의 수당으로 지불해달라고 제안한다면 현실적이지도 않고 승산도 없다. 사장 또한 회사 규정과 위배된다며 틀에 박힌 대답을 내놓을 것이다. 이럴 때 당신이 몇 차례로 나눠 연봉을 인상하는 대안을 제시한다면 어떻게 될까? 아마도 사장은 규정에도 어긋나지 않고 현실적인 제안에 관심을 보이며 다시 한 번 협상을 고려해볼지도 모른다.

협상에서 당신의 말 한마디, 제안 하나하나가 모두 협상을 성공으로 이끄는 징검다리가 될 수 있다. 따라서 실제 상황에 부합하는 대안을 몇 가지씩 머릿속에 저장해둘 필요가 있다. 그래야 협상의 맥이 계속 이어지고, 더 발전적인 협상 결과를 이끌어낼 수 있다.

협상에서의 대안은 허황된 상상이 아니라 실제 상황에 부합하고 실행 가능해야 한다. 이때 실제적 대안이 단지 각자 눈앞의 이익에만 급급한 것이어서는 안 된다. 만약 협상 결과가 자신의 이익을 충족해주기를 바란다면, 상대의 이익도 보장해줄 수 있는 방안을 찾아내야 한다. 사람은 심리적으로 상대 관점의 합리성을 인정하고 싶어하지 않고, 상대의 이익을 만족시키면 자신이 손해 본다고 생각하는 경향이 있다. 하지만 오로지 자신의 이익만 생각하고 장기적 안목이 없는 협상가는 편협한 입장, 관점, 해결 방안에서 벗어나기 힘들다.

문제의 본질에 집중하라

> 상반되는 입장 너머에 존재하는 니즈를 찾아낼 수 있다면 양측의 이익을 모두 만족시킬 창조적 옵션을 찾아낼 수 있다.
> – 하버드 협상연구소

이스라엘은 1967년 '6일전쟁'으로 이집트 영토의 일부인 시나이반도$^{Si-nai 半島}$를 빼앗았다. 그 후 양국의 치열한 공방은 계속되었고, 중동 지역 평화는 더 이상 불가능한 일처럼 보였다. 보다 못한 미국이 1978년 중재에 나서면서 문제 해결의 희망이 보이는 듯했지만, 양국은 협상 테이블에 앉아서도 입장 차이를 좁히지 못했다. 이집트는 이스라엘에 시나이반도를 전부 반환하라고 요구했고, 이스라엘은 100퍼센트 반환은 불가능하다고 강경하게 맞섰다. 이집트는 절대 타협하려 하지 않았고, 이스라엘도 1967년 이전의 상태로 돌아가기를 원하지 않았다.

중재자 역할을 맡은 미 국무장관은 작전을 바꿔 타협이 불가능한 서로의 입장에서 벗어나 양측의 니즈^{needs}, 즉 상대가 진짜로 원하는 것을 파악하는 데 주력했다. 이스라엘의 니즈는 '안전'이었다. 그들은 국경 지역에 주둔 중인 이집트 군대의 탱크가 언제든 위협을 가할 수 있다는 데에 불만을 드러냈다. 반면 이집트의 니즈는 '주권 회복'이었다. 파라오 시대부터 시나이반도는 이집트의 영토였고, 그리스인, 로마인, 프랑스인과 영국인의 통치를 두루 거친 끝에 비로소 그 주권이 이집트에 온전히 넘어왔다. 그런데 작은 나라 이스라엘에 6일 만에 국토를 빼앗기자 국민들은 분노했고, 어떻게든 주권을 되찾고 영토를 온전히 회복하기를 간절히 원했다.

양측의 니즈를 파악한 미 국무장관은 새로운 대안을 내놓았고, 이스라엘 베긴Menachem Begin 총리와 이집트 사다트Muhammad Anwar Sadat 대통령은 다음과 같은 합의에 도달할 수 있었다. 즉 시나이반도를 이집트에 반환하고, 100퍼센트 비무장지대를 유지한다. 또한 이스라엘에 조기경보시스템을 제공해 안전을 철저히 보장해준다는 내용이었다. 그야말로 '자존심 회복'이라는 이집트의 욕구와 '안전 확보'라는 이스라엘의 욕구를 절묘하게 충족시키는 신의 한 수였다.

하버드 협상연구소는 첨예한 입장 차이의 배후에 존재하는 진짜 니즈에 주목해야 한다고 지적했다. 이것이야말로 양측의 충돌을 초래하는 본질이기 때문이다. 따라서 그들의 수요, 생각, 바람, 두려움 등에서 숨은 해결의 열쇠를 찾아내야 한다. 양측이 오로지 자신의 입장만을 고수한 채 그 뒤에 가려진 이익과 니즈를 고려하지 않는다면 해결의 실마리를 찾기 어렵다. 서로의 니즈를 고려한 협상안이야말로 충돌을 피하고 양측 모두 만족시킬 수 있다.

기분 맞춰주기

> 협상의 목적은 당신이 필요로 하는 사람들의 도움을 받는 것이다. 그러기 위해서는 당신의 모든 능력을 동원해 그의 호감을 사야 한다. 협상의 이치는 이렇게 간단한 것이다.
> – 허브 코헨

미국 유명한 제과업체 디바노가 유명세를 타면서 여러 호텔과 레스토랑 등에서 하루가 멀다 하고 합작 제의를 해왔다. 그런데 디바노 근처에 있는 대형 호텔은 어찌 된 영문인지 단 한 번도 빵을 주문하지 않았다. 디바노의 창업자이자 영업 총괄 담당자는 4년 동안 이 호텔에 빵을 납품하기 위해 온갖 방법을 동원했다. 그는 매주 호텔 매니저를 찾아갔고, 호텔 행사에 빠짐없이 참석했다. 심지어 고객 신분으로 호텔에 투숙하기도 했다. 그러나 디바노가 아무리 애를 써도 호텔과의 계약은 성사될 기미를 보이지 않았다.

돌파구가 전혀 보이지 않는 상황에서 디바노는 협상 전략을 바꿔보기로 결심했다. 그는 우선 호텔 매니저의 관심사와 취미를 알아보기 시작했다. 여러 인맥을 동원해 조사한 결과, 그가 미국 호텔협회 회원이자 회장으로, 협회 일에 상당히 공들이고 있다는 사실을 알아낼 수 있었다.

그 후 호텔 매니저를 다시 만나러 간 디바노는 호텔협회와 관련된 이야기로 그의 관심을 끌어보고자 했다. 과연 그의 예상대로 호텔 매니저는 흥미를 보였고, 두 사람은 물 만난 고기처럼 신이 나서 이야기꽃을 피웠다. 심지어 매니저는 그를 호텔협회 모임에 초대해주기까지 했다. 두 사람은 마치 오래전부터 알던 사이처럼 금세 의기투합했다.

디바노는 매니저와 대화를 나누는 동안 납품 이야기는 단 한마디도 꺼내지 않았다. 하지만 며칠 후 호텔 구매팀에서 디바노에게 전화를 걸어 제품 샘플과 가격표를 보내달라고 요청했다.

사람은 누구나 자신이 좋아하거나 필요한 것이 충족되기를 바란다. 그리고 그것을 채워주는 사람에게 믿음과 호감이 가고, 함께하는 데 거부감이 사라진다. 하버드 협상연구소는 바로 이런 이치에 근거해 상대와 의기투합할 수 있는 협상 전략이 필요하다고 강조한다. 이런 전략은 상대의 취향과 욕구에 대한 철저한 조사로부터 시작된다. 그것이 밑받침되었을 때 비로소 상대와 공감대를 형성할 수 있고, 일단 공감대가 형성되면 협상 목표를 순조롭게 달성할 가능성이 높아진다.

관계와 문제 분리하기

> 협상 과정에서 서로를 적으로 보면 방어벽을 높이 쌓아 올려 상대를 밀어내는 데 집중하게 된다. 그사이 상대의 합법적 이익은 완전히 관심 밖의 문제가 되어버린다.
> – 하버드 협상연구소

다음은 하버드 협상연구소에서 보고한 협상 실패 사례이다.

한 노동조합 간부가 동료 조합원들에게 물었다.
"여러분 중에 파업을 요구한 사람이 누굽니까?"
존이 자리에서 일어나며 대답했다.
"접니다. 캠벨 공장장의 만행을 더는 참을 수가 없습니다. 그는 지난 2주 동안 날 무려 다섯 번이나 팀에서 차출해 대리 근무를 시켰습니다. 왜 제가 남의 뒤치다꺼리를 해야 하는 겁니까? 더는 못 참습니다!"
노조 간부는 이어서 캠벨을 찾아갔다.
"캠벨, 무슨 이유로 존에게 궂은일을 맡긴 겁니까? 듣자 하니 2주 동안 무려 다섯 번이나 대리 근무를 섰다고 하더군요?"

캠벨이 대답했다.

"저는 그저 그가 가장 적임자라고 생각했습니다. 다른 팀에 책임자가 없을 때 그 일을 실수 없이 대신해줄 사람이 그밖에 없었습니다. 그게 아니었다면 스미스나 다른 사람에게 맡겼겠죠. 요즘 들어 독감이 유행하면서 책임자들의 병가가 유난히 많았습니다. 저는 존이 그 일을 싫어할 거라고 생각하지 못했습니다. 그저 그가 책임 있는 일을 좋아할 거라고 생각해서 그렇게 한 것뿐입니다."

존은 공장장 캠벨이 자신에게 악감정을 품고 있다고 여겼고, 캠벨은 그에게 중요한 일을 맡기는 것 자체가 호의라고 생각했다.

이처럼 존과 캠벨은 인간관계와 실질적인 문제를 구분하지 못했고, 그 결과 갈등의 골이 깊어지고 말았다.

하버드 협상연구소는 일을 일로서 처리해야지 사람의 마음을 자신의 잣대로 재고 원칙 없이 처리해서는 안 된다고 말한다. 협상에서 일과 사람을 명확히 구분하지 못하고 개인의 생각을 개입시키면 자칫 서로를 적대시하게 될 수 있다. 그렇게 되면 양측은 상대가 문제를 겨냥해 한 말을 이성적으로 판단할 수 없고, 상대의 합법적 이익마저 등한시하게 된다. 이와 반대로 인간관계와 실질적 문제를 분리시키는 원칙을 지키고 눈앞의 문제를 함께 해결하려고 한다면, 양측은 각자의 필요를 충족하기 위해 힘을 합칠 수 있다.

관계와 전략 분리하기

> 협상에 인간관계를 끌어들이면 다방면의 관계가 협상 문제와 쉽게 뒤섞여버리고 만다.
> – 하버드 협상연구소

수잔과 도나는 오래된 친구이자 사업 파트너였다. 두 사람은 함께 부동산 매매와 임대업을 하면서 다양한 분야로 사업을 확장해나갔다. 그러던 어느 날, 수잔이 중병에 걸리면서 사업을 모두 큰아들 제라드에게 맡기게 되었다. 사실 도나 부부는 제라드를 어릴 때 몇 번 봤을 뿐 20여 년간 한 번도 본 적이 없었다. 마침 이 시기에 도나의 남편 로이가 사업 문제로 제라드와 갈등을 빚게 되었다.

원래 도나는 몇 년 전 번화가에 있는 빌딩 두 채를 투자 목적으로 구입했고, 그녀의 친구 세 명도 투자에 참여했다. 또한 그녀들은 대출을 받아 수잔에게도 투자했고, 수잔은 매달 그 돈을 갚아나가고 있었다. 그런데 제라드는 사업을 이어받으면서 그 투자금의 상환을 중단해버렸다. 더 심각한 문제는 도나가 세 친구의 주식을 이미 매입한 상태라

상환 불이행이 지속되면 도나의 손실이 상당히 커질 수밖에 없었다. 엎친 데 덮친 격으로 바로 이때 도나는 남편과 이혼했고, 이혼 협의서에 따라 남편에게 조합 빌딩의 일부 주식을 넘겨야 했다. 로이는 수중의 주식에 별 관심이 없었던 터라 그것을 모두 제라드에게 팔 작정이었다. 로이가 제시한 판매가는 10만 6천 달러였고, 제라드는 10만 2천 달러에서 한 발짝도 양보하지 않았다. 그러나 수잔과의 친분 때문에 도나와 로이는 제때 효과적인 협상 조치를 취하지 못했다. 그 결과 양측의 갈등은 점점 깊어졌고, 결국 수잔의 장례식에서조차 몸싸움을 벌일 만큼 사이가 악화되었다.

하버드 협상연구소는 주는 입장이든 받는 입장이든 상관없이 공과 사에 명확히 선을 긋는 노력이 필요하다고 지적한다. 인간관계와 일을 동일 선상에서 바라보면 아무 근거도 없이 상대의 말을 억측하고, 자신의 의도와 태도를 비난한다고 받아들일 수 있다.

　협상가는 인간관계의 제약에서 벗어나기 위해 적절한 감정과 장기적 안목을 바탕으로 관계의 적정선을 유지해야 하며, 인간관계와 실질적 이익을 맞바꿔서는 안 된다.

협상 기한도 전략이다

> 최후 기한이 지나치게 촉박하면 상대는 온갖 수단을 동원해 무리한 요구를 해 올 가능성이 높고, 문제 해결 역시 제때 이루어지기 힘들다.
> – 데일 카네기

미국 카터Jimmy Carter 대통령은 이집트와 이스라엘이 무려 30년 동안 대립해온 현안을 해결하기 위해서 두 사람을 캠프 데이비드Camp David로 초대했다. 그렇게 한자리에 모인 카터 대통령과 이집트 사다트 대통령, 이스라엘 메나헴 베긴 총리는 캠프 데이비드에서 12일에 걸쳐 회의를 거행했다.

이집트와 이스라엘 간 현안은 사안이 무척 복잡한 탓에 협상이 지연되고 있었고, 심지어 중단되는 일도 비일비재했다. 협상 결과에 대해 확신하는 사람들도 거의 없었다. 협상이 제자리걸음을 계속하자 결국 협상 주재자가 나서 기한을 정해주며, 다음 주까지 결론을 내라고 요구했다.

시간이 흐르고 마감일이 다가올수록 해결되는 문제들이 속속 등장하기 시작했다. 협상 기한이 이틀 남았을 때쯤에는 분위기가 상대적으로 부드러워졌고, 협상 역시 전에 없이 순조롭게 진행되면서 골치를 썩였던 문제들도 술술 풀려나갔다. 그리고 협상 마지막 날이 되었을 때 이집트와 이스라엘은 마침내 최종 합의를 달성할 수 있었다.

하버드 협상연구소의 통계에 따르면 비교적 복잡한 협상일수록 협상 마지막 날이 되어서야 합의를 이루는 경우가 많다. 협상 기한이 가까워질수록 양측의 부담이 커지고 불안하고 초조한 마음에서 자유로울 수 없다. 그래서 협상 기한을 잘 활용하는 것도 하나의 전략이 된다.

협상 기한은 일단 확정되면 함부로 바꿀 수 없다. 이 때문에 무슨 일이 있어도 그 기한에 맞춰 최선을 다해 결과를 이끌어내야 한다. 이 시간을 잘 운용하지 못하면 극도의 긴장과 압박에 시달리다 상대의 페이스에 말려들기 쉽다. 만약 협상 상대가 말도 안 되는 협상 기한을 요구하거나 기한 연장을 거절한다면 무조건 그 기한 안에 최선의 결과를 얻기 위해 몇 배의 노력을 쏟아부어야 한다. 상대에게 불만을 쏟아내고 감정적으로 일을 처리하느라 협상 시간을 낭비해서는 안 된다.

공격과 방어의 리듬

협상은 일방통행이 아니다

> 상대가 실질적 이익을 얻는 것 외에도 협상 과정에 동참했고, 협상 결과에 자신의 몫이 반영되었음을 충분히 느끼게 해야 한다. 이것이 상대를 결과에 승복하게 하는 유일한 방법이다.
> – 하버드 협상연구소

1974년부터 1981년까지 세계 150여 개국 협상 대표가 어업권과 해저 망간 채굴권 등이 포함된 해양 관리 법규를 제정하기 위해 뉴욕과 제네바에 모였다. 이 기간 동안 개발도상국 대표들은 기술 교환에 엄청난 열의를 보였고, 첨단기술을 보유한 선진국의 심해 광물 채굴용 설비와 기술이전을 희망했다. 하지만 선진국은 기술이전 문제를 등한시한 채 부수적 사항에 관한 논의를 기약 없이 뒤로 미뤄버렸다. 그 결과 개발도상국은 협상에서 성취감을 얻을 수 없었고, 다른 현안들에 적극적으로 동의해야 한다는 동기도 부여되지 않았다. 만약 선진국이 기술이전 문제를 두고 개발도상국과 양방향 소통을 하고, 시간을 들여서라도 실제적 방안을 논의했다면 아마도 그들은 협상에서 우위를 점할 수 있었을 것이다.

협상은 일방통행이 아니다. 과정에 동참했다는 확신이 들지 않는다면 상대가 그 결과에 승복할 리 없다. 상대가 협상 결과를 받아들이게 하려면 그 과정에 가능한 한 빨리 참여하게끔 해야 한다. 적극적으로 상대의 의견을 구하고, 적절한 보상이 돌아가도록 해야 비로소 양방향 소통이 이루어진다. 결정 과정에서 소외된 사람은 협상 내용이 아무리 자신에게 유리해도 의심을 품게 되고, 심지어 결과에 승복하기를 거부한다. 반대로 양쪽이 모두 적극적으로 협상에 참여하면 쉽게 공감대를 형성해 원활한 소통이 가능해진다. 따라서 결론을 내리는 과정에 상대의 적극적인 참여를 유도하는 것이 무엇보다 중요하다.

살라미 전술, 잘게 잘게 썰어라

> 서로의 주장이 팽팽히 맞서는 문제는 두 개 혹은 여러 개의 소의제로 나눠 토론하라. 하나하나 해결하다 보면 어느새 전체를 손에 넣을 수 있다.
> – 하버드 협상연구소

전국 각지에 지사를 두고 있는 미국의 한 대형 보험회사는 원래 소도시의 작은 회사에 불과했다. 당시 이 회사는 주택보험 시장에 꽤나 늦게 발을 들여놓았다. 주택보험은 집 소유주가 죽거나 사고를 당해 은행 대출을 갚을 수 없게 되면 보험회사가 고객 대신 남은 대출금을 갚도록 보장했기 때문에, 은행과 부동산업자에게 폭발적 인기를 끌었다. 다만 시장에 늦게 진입한 탓에 고객 확보가 쉽지 않았다. 이미 다른 보험회사가 이 시 주택보험의 90퍼센트를 꽉 잡고 있었다. 난관을 극복하기 위해서 보험회사 사장은 분산 작전을 시도해보기로 했다. 우선 무슨 수를 써서라도 은행을 설득해 남은 10퍼센트를 자기 고객으로 만들 작정이었다.

은행과의 협상에서 이 회사는 은행과 고객에게 무척 유리한 주택보험 조항을 제시했다. 요구 조건도 많지 않았다. 그들은 단지 남은 10퍼센트의 주택보험 업무를 그들에게 맡겨달라고 요구했을 뿐이었다. 은행 측은 그들의 요구를 거절할 이유가 없었고, 바로 10퍼센트의 주택대출 고객 명단을 그들에게 넘겨주었다.

이 보험회사는 10퍼센트의 고객을 발판 삼아 파격적 우대 조항을 내걸고 나머지 90퍼센트를 끌어들이기 위해 노력했다. 그 결과 그중 80퍼센트의 고객을 유치하는 데 성공했다. 하지만 나머지 10퍼센트의 고객은 여전히 기존 보험회사에 남아 있었다.

회사는 은행과 다시 한 번 협상을 시도했다. 그들은 자신들이 이미 총 90퍼센트의 고객을 보유하고 있으니 나머지 10퍼센트도 맡을 수 있도록 동의해줄 것을 요구했다. 은행은 그들의 제안에 흔쾌히 응했고, 마침내 이 회사는 은행협회가 지정한 시 유일의 보험회사가 될 수 있었다. 그 후에도 이 회사는 분산 작전으로 다른 도시의 은행을 설득했고, 조금씩 전국 주택보험 분야에서 절대적 입지를 다졌다. 그리고 마침내 전국 규모의 대형 보험회사로 우뚝 섰다.

노련한 협상가일수록 자신의 모든 요구 사항을 한 번에 쏟아내지 않는다. 그들은 작은 것부터 양보를 얻어내고, 서서히 더 많은 것을 요구하며 자신의 목표를 하나둘씩 달성해나간다. 이것이 바로 살라미^{Salami} 전술로, 상대가 거부감 없이 더 큰 양보를 하도록 유도해 더 많은 이익을 손에 넣을 수 있다.

허영심은 함정에 빠지는 지름길

> 별반 중요하지 않거나 아무 상관없는 일을 크게
> 문제 삼아 상대의 주의를 다른 곳으로 돌려라.
> – 하버드 협상연구소

현대 협상법의 아버지 제라드 니렌버그가 복잡하고 중요한 임대차 계약을 코앞에 두고 있었다. 그런데 이 계약은 체결 당시의 상황에 따라 조금씩 내용이 달라졌다. 어떤 구체적 문제가 생기면 거기에 맞춰 처리 방법도 달라져야 했기 때문이다. 당시 표준 임대차 계약으로 불리던 '부동산 임대차 계약법'이 일상적 거래에 광범위하게 사용되고 있었는데, 이 법은 지나치게 상세했고, 제한 조건이 셀 수 없을 만큼 많았다. 그러다 보니 50년 넘게 변호사업에 종사한 사람도 조항을 다 기억하기 힘들었다. 양측의 협상이 시작되기 전, 니렌버그의 비서는 상대측 변호사에게 일부러 이렇게 물었다.

"변호사님께서는 이 분야의 고수이시니 표준 부동산 임대차 계약법을 손바닥 보듯 훤히 꿰뚫고 계시죠?"

변호사는 상대가 치켜세워 주자 자신 역시 모르는 부분이 많다는 사실을 들키고 싶지 않아 마치 모든 내용을 다 아는 것처럼 거드름을 피웠다. 이어진 협상에서 변호사는 표준 임대차 계약법이 아닌 다른 협의 사안에 더 시간과 정력을 쏟아부었다. 하지만 그 내용은 표준 임대차 계약 내용과 비교했을 때 별 의미가 없는 것들이었다. 니렌버그와 그의 비서는 상대의 약점을 도리어 치켜세우는 작전으로 허를 찔렀고, 협상에서 우위를 점하며 순조롭게 협상을 마칠 수 있었다.

협상가는 상대의 강점을 피해 약점을 치는 전략으로 상대의 허를 찌를 줄 알아야 한다. 이 작전을 잘 활용하면 상대의 허영심을 건드려 쉽게 함정에 빠뜨릴 수 있다. 예를 들어 사람은 누구나 어떤 분야의 문외한이라 해도 허영심 때문에 남들에게 그 사실을 들키고 싶지 않아한다. 그래서 협상가가 그를 전문가처럼 치켜세워 주며 다른 쪽으로 시선을 돌리게 한다면 그의 입장과 태도를 바꾸는 일이 훨씬 순조로워진다.

결정적 정보는 끝까지 숨긴다

> 협상가는 상대에 관한 전방위적 정보를 가지는 동시에 자신에 관한 정보는 단 하나도 누설하지 말아야 한다.
> – 하버드 협상연구소

로저 도슨의 제자 한 명이 플로리다에서 제약회사를 경영하고 있었다. 어느 날 헬스 케어 매니지먼트사에서 그에게 의료 서비스 관련 계약을 제안했다. 로저의 제자는 협상에 앞서 이 회사의 현재 상황을 구체적으로 조사했고, 이 회사가 이제 막 주의 정식 허가를 받아 걸음마를 시작한 단계임을 알았다. 관례대로라면 정부는 이 회사가 첫 광고를 시작하는 당일을 기준으로 사업 자격을 부여하게 되어 있었다. 그러므로 이 회사는 첫 광고를 내기 위해 우선 의약 공급업체와 계약을 맺고 12개월 안에 영업을 시작해야 했다. 그러지 않으면 허가증이 취소되었다.

로저의 제자는 모든 조사를 마친 후, 그 12개월의 마지막 일주일을 남겨둔 시점이 되어서야 그들에게 협상을 제안했다. 그들은 마지막 주 금요일에 광고를 내지 않으면 허가증이 취소되어 다시 신청해야 하는 급박한 상황에 내몰려 있었고, 다급한 마음으로 마지막 주 월요일과 화요일 내내 로저의 제자와 연락을 시도했다. 그러나 로저의 제자는 전혀 아랑곳하지 않은 채 그들의 애를 태울 뿐이었다. 결국 수요일이 되어 로저의 제자에게 대대적인 양보를 하고 나서야 그들은 계약을 맺을 수 있었다.

협상에서 우위를 점하고 싶다면 상대에 대해 가능한 한 많은 정보를 수집해야 한다. 그중 협상의 흐름을 뒤집을 만큼 절대적 영향을 줄 수 있는 정보가 있다면 그것을 마지막까지 손에 쥐고 상대를 압박할 자신만의 협상 카드로 만들어야 한다.

가랑비에 옷이 젖듯

> 협의를 마친 후 '잠식蠶食 전략'을 쓰면 원하는 것을 더 쉽게 얻을 수 있다.
> – 로저 도슨

로저 도슨은 고등학교 졸업을 앞둔 딸 줄리아에게 선물을 주기로 했다. 줄리아는 아버지에게 받고 싶은 선물이 세 가지나 있었다. 바로 5주 일정의 유럽 여행과 용돈 1,200달러, 그리고 새 트렁크였다. 하지만 영특한 그녀는 이 세 가지를 한 번에 요구하지 않고 하나씩 시간 차를 두어 받아냈다. 우선 줄리아는 아버지에게 유럽 여행을 허락받았다. 그리고 몇 주 뒤 여행 경비로 용돈 1,200달러를 보태달라고 부탁했다. 그러고는 여행을 떠나기 전, 다시 한 번 애교를 가득 담아 아버지를 설득했다.

"다른 친구들은 모두 새 트렁크를 샀대요. 설마 저 혼자 낡은 여행 가방을 들고 가게 두지는 않으실 거죠?"

결국 로저 도슨은 딸의 귀여운 협박에 넘어가 세 번째 요구까지 모두 들어줄 수밖에 없었다.

로저 도슨은 이때의 경험을 들려주며 이렇게 말했다.

"만약 줄리아가 처음부터 세 가지 선물을 모두 해달라고 졸랐다면 1,200달러의 용돈과 여행 가방은 선물해줄 수 없다고 못 박았을 겁니다. 줄리아 역시 내가 그러리라는 걸 알았기 때문에 일명 '잠식 전략'을 쓴 것 같습니다. 하나하나 자기가 원하는 것을 요구하고 결국 모두 손에 넣었죠. 그야말로 협상의 고수였던 셈입니다."

'잠식 전략'은 상대가 거절할 수 없는 상황을 만들어 자신의 이익을 조금씩 챙겨나가는 것으로, 협상 후반부에 쓰면 더 큰 효과를 거둘 수 있다. 이 전략을 잘 활용하면 상대가 절대 양보하지 않으리라 여겼던 것도 하나둘씩 내 것으로 만들 수 있다.

공격이 끝나기를 기다려라

> 즉각적으로 반박하기 힘들다면 일단 상대의 말을 수긍하고 칭찬하라. 그리고 상대를 배려하는 분위기에서 서서히 방향을 선회해 다르거나 상반된 관점을 제시하라.
> – 하버드 협상연구소

한 고객이 15만 달러의 빚을 지고 디터의 회사에서 물건을 주문했다. 어느 날 그 고객이 디터를 찾아와 불같이 화를 내며 15만 달러를 갚을 수 없을 뿐 아니라 다시는 그의 회사에서 물건을 주문하지 않겠다고 엄포를 놓았다. 디터는 고객의 말에 곧바로 대응하기보다 인내심 있게 그의 불만을 끝까지 들어주고, 그가 모든 불만을 쏟아내고 잠잠해졌을 무렵 입을 열었다.

"이렇게 시카고까지 오셔서 문제점을 알려주시다니, 정말 큰 도움이 되었습니다. 그게 사실이라면 다른 고객님들도 비슷한 생각을 하셨을 것 같습니다. 저희 회사의 체면이 말이 아니네요. 제가 이 문제를 확실히 처리하겠습니다. 일단 고객님께서 알려주신 상황에 대해 저도 더 알아봐야 할 것 같습니다."

고객은 디터의 말을 들으니 격해졌던 마음이 조금은 가라앉는 듯했다. 고객의 변화를 감지한 디터는 이번 외상 건을 취소해주겠다고 약속했다.

"고객님은 상당히 꼼꼼한 분인 것 같습니다. 이번 일은 저희 직원이 몇천 명의 주문 건을 관리하다 보니 나온 실수인 듯합니다. 다행히 고객님처럼 세심한 분이 계셔서 그 실수를 잡아주셨으니 얼마나 다행인지 모릅니다. 앞으로 저희에게 주문하지 않으시겠다면 더 나은 회사를 소개해드리겠습니다."

고객은 디터의 진심이 담긴 말을 들으며 완전히 마음이 풀어졌고, 심지어 이전보다 더 많은 제품의 주문 계약을 맺기도 했다. 이 일을 계기로 그와 디터는 영원한 친구이자 무역 파트너가 되었다.

분노에 찬 고객을 상대할 때 가장 효과적인 방법은 그들이 감정을 표현하도록 놔두는 것이다. 그들은 진심으로 관심을 보이며 자신의 말에 귀를 기울여주는 상대에게 불만을 쏟아내는 과정을 통해 심리적 해방감을 맛본다. 협상가는 바로 그 해방감을 이끌어내어 상대를 정복해나가야 한다. 디터처럼 먼저 상대의 감정을 존중하고 한발 물러섰다가 제압하는 방법이야말로 가장 실효성 높은 전략이다.

질문을 던지고 기다려라

> 더 이상 양보할 방도가 없을 때는 질문을 던져 아직 선택의 여지가 있다고 느끼게 하라. 상대가 나서서 대안을 제시할 가능성이 높아진다.
> — 하버드 협상연구소

미국 작가 마크 트웨인은 어느 날 산책을 하다가 한 서점에 들렀다. 서점을 쭉 둘러보던 그는 서가에 진열된 자신의 책을 발견했다. 트웨인은 그 책을 집어 들고 점원에게 가격을 물어보았다. 그리고 두 사람 사이에는 그야말로 코미디 같은 협상 한판이 벌어졌다. 마크 트웨인이 점원에게 물었다.

"이 책은 내가 출판한 책이니 정상가에서 50퍼센트를 할인해줘야 마땅하지 않나요?"

점원은 그의 말에 일리가 있다고 생각하며 동의했다. 마크 트웨인이 또 물었다.

"내가 이 책의 저자이니 50퍼센트를 더 할인받을 수 있겠죠?"

점원이 또 동의했다. 마크 트웨인은 다시 물었다.

"나로 말할 것 같으면 이 서점의 오랜 단골인데, 단골에게는 25퍼센트 할인 혜택이 있지 않나요?"

틀린 말이 아니었기에 점원은 달리 반박하지 못했다. 마크 트웨인은 잠시 기다렸다가 진지하게 말했다.

"그렇다면 이 책을 그냥 가져가도 전혀 문제될 게 없겠군요. 아, 그런데 부가세는 얼마죠?"

점원이 계산을 해본 후 난감한 듯 우물거리며 마크 트웨인에게 말했다.

"저기 손님……, 제가 계산해보니 손님께서는 이 책을 그냥 가져가셔도 됩니다. 더구나 저희가 손님께 책값의 37.5퍼센트를 빚지게 됐습니다."

협상 테이블에서 질문을 던져 상대를 유인하면 상대가 적극적으로 나서서 해결 방법을 제시하게 할 수 있다. 이런 협상 전략을 쓰면 상대는 자신이 그 협상에서 주도적 역할을 하고 있다고 느끼게 되고, 협상가는 자신의 저의를 들키지 않은 채 협상 주도권을 잡을 수 있다.

9강

심리 게임을 즐겨라

당신에게는 최종 결정권이 없다

> 당신의 상사는 구체적 개인이 아니라 모호한 실체여야 한다.
> – 로저 도슨

자신의 권한을 상대에게 들킨 협상가는 그 순간 불리한 입장에 놓인다. 상대가 결정권이 있는 그만 설득하면 된다는 사실을 알게 되기 때문이다. 만일 협상가가 협상안에 동의하면 상대는 협상 결과 역시 의심의 여지없이 확정되었다고 여길 것이다. 반대로 협상가가 자신에게 최종 결정권이 없어 더 높은 사람에게 보고해야 한다고 말하면 상황은 달라진다. 따라서 협상 고수는 상대 앞에서 자신의 실체를 결코 드러내지 않는다. 다음 사례를 보자.

부동산업자 로스는 아파트와 전원주택에 투자를 한 적이 있었다. 초창기에 그는 건물 한 채를 매입할 때 입주자들에게 자신이 주인이라고 알리기를 좋아했다. 그 과정에서 일종의 우월감과 자부심을 느졌기 때문이다. 그러나 시간이 지날수록 생각이 180도 바뀌었다. 입주자들이 담뱃불 때문에 구멍이 난 카펫을 바꿔달라거나 집세를 제 날짜에 내지 않고 조금만 미뤄달라고 요구하는 등, 골치를 썩이기 시작한 것이다.

문제를 해결하기 위해 로스는 자산관리회사를 세우고 최고 권한을 가진 모호한 실체를 자신의 배후에 두는 전략을 썼다. 그러자 그 전까지 그를 괴롭히던 문제들이 말끔히 해소되었다. 로스는 자산관리회사의 총재라는 대외적 직함만 내세울 뿐, 자신이 빌딩 주인이라는 사실은 알리지 않았다. 입주자들은 그를 투자자들을 대신해 부동산 업무를 관리해주는 자산관리사로만 알 뿐이었고, 더는 자질구레한 문제로 그를 괴롭히지 못했다. 혹 그런 문제가 발생할 때면 로스는 이렇게 대답했다.

"제 입장도 참 난감합니다. 이런 작은 구멍 하나 때문에 카펫 전체를 교환하라고 투자자에게 말하기가 쉽지 않습니다. 만약 여러분이 매월 1일에 월세를 내준다면 6개월 정도 후에 그 문제를 해결해달라고 얘기해볼 수는 있을 것 같습니다."

만약 입주자들이 매월 15일이나 되어야 월세를 낼 수 있다고 말하면 로스는 또 같은 방식으로 그들을 설득했다.

"이해합니다. 누구나 어려울 때가 있으니까요. 어쨌든 제때 월세를 내는 게 여러분을 위해서도 좋을 듯합니다. 15일까지도 월세를 내지 않으면 투자자가 퇴거를 명령해도 제가 도와드릴 방도가 없습니다."

이렇게 로스는 입주자들과의 문제를 별 탈 없이 해결할 수 있었다.

최종 결정권을 가진 사람이 배후에 있다고 연막을 치고 싶다면 '위원회' 혹은 '이사회'처럼 그 실체를 모호하게 만들어야 효과를 극대화할 수 있다. 만약 협상가가 최고 권한을 가진 사람을 자신의 상사로 지목한다면 상대는 그를 직접 찾아가 협상하는 것이 더 효율적이라고 느낄 것이다. 반면 그 대상의 실체가 모호하다면 누구도 그를 직접 대면할 엄두를 내지 못한다. 실체가 모호한 배후는 상대의 저항감은 약화하고, 부담감은 강화한다. 따라서 정체가 불분명한 최종 결정권자를 배후에 두는 것 역시 협상을 승리로 이끄는 효율적인 전략이라 할 수 있다.

일단 멈춤

이길 수 있는 사람은 공격하는 법이다.
— 벤저민 디즈레일리Benjamin Disraeli

런던은 금융업이 발달한 도시이다. 이 도시에 작은 규모의 은행이 하나 있었는데, A사는 이 은행의 비교적 중요한 고객이었다. A사 사장은 이 은행에서 거액 대출을 받고 싶었다. 하지만 은행은 조건이 맞지 않는다며 대출을 거부했다.

사장은 그대로 물러서지 않고 어떻게든 은행 측의 마음을 돌려 대출을 받을 수 있도록 치밀한 전략을 짰다. 그는 은행에 더 이상 대출을 구걸하지 않았다. 대신 회계사에게 은행으로 전화를 걸어 그들의 실수를 지적하며 항의하게끔 했다. 은행은 행여 자신들의 실수 때문에 고객을 잃을까 봐 두려워 사과하기 바빴다. 얼마 후 은행은 이 회사 업무가 지연되는 데 원인을 제공했고, 사장은 그 기회를 놓치지 않고 또 회계사에게 은행에 항의 전화를 하라고 지시했다. 이런 식으로 은행은 한동안 이 회사의 항의 전화에 시달려야 했다.

이쯤 되자 지점장은 자신이 직접 사장에게 사과하기로 마음먹었다. 그런데 하필 은행의 실수가 또 발생하고 말았다. 은행이 회사 수입을 A사 계좌에 제때 기입하지 않은 것이다. 드디어 절호의 기회를 잡은 사장은 직접 지점장을 만나러 가서 강력하게 항의했다. 지점장은 행여 중요한 고객을 잃을까 봐 두려워 안절부절못했다. 그의 반응을 살피던 사장은 지금이 대출 이야기를 꺼낼 적기라고 판단하고는, 우대 대출을 받고 싶다는 뜻을 넌지시 전했다. 당연히 이율은 시중은행보다 좀 더 낮았으면 한다는 조건도 달았다. 은행은 혹여 단골 고객을 잃고 그 파장이 심각한 타격으로 이어질 것을 우려해 사장의 대출 요구를 흔쾌히 들어주었다.

협상가는 부탁이나 간청으로도 원하는 것을 얻을 수 없다면 먼저 상대의 약점을 잡아 강하게 나가다가 부드럽게 선회하며 미끼를 던져야 한다. 이런 강온 양면 전략을 쓸 때는 사전에 치밀한 계획을 세워 상대를 궁지로 몰아넣어야 한다. 상대가 심리적으로 압박감을 느껴 강경한 입장이 약해지면 바로 그때가 부드럽게 자신이 원하는 바를 이야기할 때이다.

보편 심리 키워드 1,
공짜

돈. 세상에서 돈보다 더 사람의 사기를 꺾는 것
은 없다.
— 소포클레스Sophocles

한 노인이 퇴직 후 하버드대학교 인근의 한적한 주택가에 살고 있었다. 그런데 언제부터인가 젊은이 세 명이 노인의 집 근처에서 쓰레기통을 발로 차며 소음을 일으키기 시작했다. 인근 주민들은 젊은이들의 철없는 장난을 막기 위해 온갖 방법을 동원해보았지만 다 소용없었고, 결국에는 손을 놓은 채 소음을 견딜 수밖에 없었다. 하지만 노인은 이 소음을 도저히 참고 넘길 수가 없었다. 이러다가는 스트레스로 없던 병도 생길 판이었다. 노인은 세 젊은이와 담판을 짓기로 결심했다.

노인은 젊은이들이 쓰레기통을 발로 차는 것을 보며 말했다.

"자네들을 보니 내 젊은 시절이 생각이 나는군. 지금처럼 매일 와서 쓰레기통을 발로 차준다면 그때마다 1달러씩 주겠네."

젊은이들은 노인의 말에 바로 동의하고, 그날부터 인근 쓰레기통을 전보다 더 세게 차댔다. 노인은 약속대로 매일 1달러씩 주었다.

며칠 후, 노인이 근심 가득한 얼굴로 젊은이들에게 말했다.

"그놈의 인플레이션 때문에 내 수입이 줄었다네. 오늘부터는 5센트씩밖에 줄 수 없어."

젊은이들은 약간 짜증이 나기는 했지만 그래도 공돈을 받는 일이라 노인의 제안을 받아들일 수밖에 없었다. 하지만 매일 와서 쓰레기통을 차도 전처럼 있는 힘껏 차대지는 않았다.

며칠 후, 노인이 또 젊은이들에게 말했다.

"내가 요즘 노인연금을 받지 못해서 돈이 없다네. 매일 2.5센트라도 줄 테니 계속 와서 쓰레기통을 차주겠나?"

그러자 젊은이 한 명이 소리쳤다.

"고작 2.5센트요? 지금 2.5센트를 받고 여기서 쓰레기통을 차는 데 시간을 낭비하라는 겁니까? 차라리 안 하고 맙니다!"

그렇게 그들은 떠나갔고, 그날 이후 아무도 쓰레기통을 발로 차러 오지 않았다. 동네는 예전처럼 평온을 되찾았고, 노인과 주민들도 더는 소음 때문에 스트레스를 받지 않았다.

노인은 공짜로 대가를 얻고 싶어하는 사람의 보편 심리를 이용할 줄 아는, 그야말로 협상의 숨은 고수였다. 이 노인처럼 인간 심리에 입각해 생각의 틀을 조금만 바꾸면 원하는 결과를 얻을 수 있는 길이 열린다.

보편 심리 키워드 2,
권위

성과의 90퍼센트는 10퍼센트의 원인에서 비롯
된다.
— 피터 드러커Peter Ferdinand Drucker

　전자 부품 공급업자 A는 제조업체와 거래 협상을 할 때 자기 회사 제품의 품질에 아무런 문제가 없음을 증명하기 위해 각종 자료를 준비했다. 그러나 제조업체 사장은 지금까지 그 업체의 제품을 써본 적이 없었기 때문에 자료만 보고는 쉽게 결단을 내리지 못했다. 제조업체 사장은 영 마음이 내키지 않아 기존에 써본 제품을 염두에 두고 거래를 거절하려고 했다. 그렇다고 기존 제품 품질이 이 부품회사보다 더 뛰어난 것은 아니었다.
　공급업자는 제조업체 사장이 마음을 바꾸려 하자 기지를 발휘했다.
　"혹시 세계적으로 유명한 ○○브랜드를 아십니까?"
　"물론이죠. 우리 집에도 그 브랜드 제품이 있답니다."
　공급업자는 다시 물었다.

"그 제품의 품질이 어떠셨나요?"

"과연 이름값을 하더군요."

공급업자는 이때가 기회다 싶었다.

"그러셨군요. 만족하셨다니 저도 기쁩니다. 사실 저희 회사는 그 브랜드 제품의 생산업체에 계속 부품을 공급해왔고, 며칠 전에도 장기 공급계약을 맺었죠."

제조업체 사장은 그 말을 듣는 순간 표정이 싹 바뀌더니 바로 A와 계약을 맺었다.

상대가 확신을 갖지 못할 때는 권위 있는 대상을 끌어들여 자신의 장점을 부각할 필요가 있다. 이것은 상대의 의심을 풀어주고, 협상의 가치를 높이는 계기가 된다. 하버드 협상연구소는 협상가가 자신을 소개할 때 이런 권위 법칙을 활용해 실력을 인정받는 것도 협상을 유리하게 이끌어가는 전략이라고 말한다. 다만 이 전략은 상대가 그 권위에 호감을 보이리라는 확신이 있어야 쓸 수 있다. 그렇지 않으면 괜한 반감만 사서 정반대의 결과를 초래하게 된다.

보편 심리 키워드 3,
유머

유머는 신이 인간에게 준 가장 큰 축복이다.
- 마크 트웨인

헤이즈는 미국 오하이오 주 출신의 유명한 강연가이다. 그런 그 역시 사회에 첫발을 내디뎠을 때는 업무에 대해 아는 바가 전혀 없는 초짜 인턴 세일즈맨에 불과했다.

어느 날 경험이 풍부한 고참 세일즈맨이 그를 데리고 상점을 돌며 포스POS 영업을 했다. 그 선배는 무척 평범해 보였지만 그만의 독특한 매력이 있었는데, 바로 그의 말과 행동에서 배어나는 유머러스한 느낌이었다.

두 사람은 한 편의점으로 들어갔다. 그들이 방문 목적을 이야기하기 무섭게 사장의 단호한 대답이 돌아왔다.

"저희는 그런 거 필요 없습니다!"

사장의 차가운 냉대에도 고참 세일즈맨은 전혀 위축되지 않았다. 도리어 그는 아무렇지 않다는 듯 카운터에 기대서서 마치 세상에서 제일 웃긴 이야기라도 들은 것처럼 몸을 들썩이며 웃어댔다. 사장과 헤이즈는 영문도 모른 채 눈만 휘둥그레져 그를 쳐다볼 뿐이었다. 고참 세일즈맨은 한참을 정신없이 웃고 난 후에야 간신히 진정하고 사장에게 사과했다.

"죄송합니다, 사장님. 사장님 말씀을 듣는 순간 다른 분도 똑같은 말을 하셨던 게 떠올라서 저도 모르게 웃음이 터졌습니다. 그분도 처음에는 관심이 없다고 하셨지만 지금은 저희 단골 고객이 되셨거든요."

그리고 고참 세일즈맨은 진지하게 제품을 소개하기 시작했다. 그런데 예상 밖의 일이 벌어졌다. 관심이 없다던 주인이 제품을 구매하겠다며 선뜻 계약금을 건 것이다. 이렇게 고참 세일즈맨은 자신만의 유머로 소비자의 마음을 샀고, 일회적인 제품 판매를 넘어 소비자를 단골로 만드는 수완을 보여주었다.

이때의 경험을 통해 헤이즈는 협상에서 유머의 중요성을 깨달았고, 이는 그의 성장에 중요한 밑거름이 되어주었다. 지금도 그는 인터뷰를 할 때면 그때의 경험을 즐겨 말하고는 한다.

"아마 영원히 그 모습이 제 머릿속에서 떠나지 않을 겁니다. 통통한 몸집과 늘 미소를 머금고 있던 얼굴, 사람을 기분 좋게 만들던 호탕한 웃음소리가 말이죠. 이런 기억이 까다롭고 난처한 세일즈 현장에서 나를 구원해주었고, 유머의 힘이 얼마나 큰지 잊지 않게 해주었어요."

협상 분위기는 대체로 유동적이다. 한번 형성된 분위기가 끝까지 간다고는 누구도 장담할 수 없다. 원래 가볍고 유쾌한 분위기였다 하더라도 양측이 구체적인 문제를 두고 팽팽히 대립하는 순간 긴장감이 감돈다. 심지어 때로는 일촉즉발의 상황까지 내몰려 협상 결렬이라는 최악의 결과에 이르기도 한다. 우리의 요구가 상대의 화를 자극했을 때 가장 먼저 할 일은 격해진 감정을 풀어주고 가능한 한 빨리 협상 분위기를 부드럽게 만드는 것이다. 하버드 협상연구소는 유머가 상대의 부정적 감정을 사라지게 하는 최고의 무기라고 말한다.

부드러움이
강함을 이긴다

> 우리가 옳다면 부드럽고 교묘하게 상대의 동의를 이끌어내야 한다. 반대로 우리가 틀렸다면 빠르고 분명하게 그 실수를 인정해야 한다.
> – 데일 카네기

제라드 니렌버그가 동료와 함께 모 비행기 제조업체 경매장에 갔다. 최고가를 부르는 입찰자가 낙찰을 받는 경매 규칙에 따라 두 사람은 경매 자산 가치를 미리 분석해보았다. 그들이 매긴 최고가는 37만 5천 달러였다. 경매가 시작되고, 니렌버그와 동료는 10만 달러를, 상대는 12만 5천 달러를 제시했다. 니렌버그는 가격을 다시 15만 달러로 올렸고, 상대 역시 그보다 많은 15만 5천 달러를 불렀다. 바로 그때 니렌버그의 동료가 그의 손을 잡고 밖으로 끌고 나갔다. 니렌버그는 경매가가 자신들이 정한 최고가 37만 5천 달러보다 아직 한참 낮은 상황이라 동료의 행동이 이해 가지 않았다. 하지만 동료의 말을 듣는 순간 자신의 무릎을 탁 치지 않을 수 없었다.

"이번 경매 규칙에 따라 입찰가가 경매 의뢰인의 기대치보다 낮으면 경매를 중단할 수 있어. 지금 입찰자 중에 우리가 제시한 가격이 두 번째로 높지 않은가? 경매가 끝나면 의뢰인은 분명 우리에게 연락을 해 올 테지. 그리고 다시 가격을 제시할 의향이 있는지 물을 것이네. 그럼 비교적 높은 가격을 제시한 뒤 약간의 양보할 여지를 주면 모든 거래가 끝나지. 내 말만 믿어보게!"

과연 그의 예상대로 경매 의뢰인은 사흘이 지나지 않아 그들에게 연락을 해 왔다. 그들은 가뿐히 경쟁자를 제압하고 예상했던 37만 5천 달러보다 훨씬 낮은 가격에 비행기 제조업체를 낙찰받았다.

협상이 위기에 빠져 양측이 팽팽히 맞설 때가 있다. 이럴 때 이기고 싶다면 자신이 맞닥뜨린 상황을 정확히 간파하고, 상대가 겨눈 칼끝을 피해야 한다. 이보 전진하기 위해서는 일보 후퇴해야 한다.

최소 투자, 최고 효과의 법칙

적극적으로 임하라

> 무슨 일이든 무한한 열정만 있다면 성공할 수 있다.
> – 슈워브Schwab

미국에 또 한 번의 대공황이 불어닥쳤을 때, 오랜 연륜의 은행가 모건John Pierpont Morgan은 수십 년간의 경험을 바탕으로 냉철하게 상황을 판단했다.

"미국은 자본주의국가입니다. 설사 위기가 닥쳤다 해도 절체절명의 순간이 오기 전까지 시장과 기업은 결코 정부의 도움을 받을 수 없을 겁니다. 다시 말해서 경제를 구제할 수 있는 존재는 오직 시장밖에 없습니다. 또한 시장 구제 시스템 가동이 엄청난 위기의 서막임을 명심해야 합니다."

이 금융업계 거두는 자신의 어깨에 짊어진 짐의 무게를 너무나 잘 알고 있었다. 경제를 회복하고 싶다면 가능한 한 빨리 시장 구제에 나서야 했다. 그러나 다들 자기 한 몸 챙기기 바쁜 마당에 어떻게 자금을 모아 시장을 구제할 수 있겠는가? 이때 모건은 구세주가 나타나주기를 기다리기보다 자신이 발 벗고 나서서 자금을 모아보기로 했다.

모건은 은행가들을 모두 한자리에 모이게 한 후 문을 닫고 잠시도 지체할 수 없을 만큼 긴박한 현재 상황을 설명했다. 또한 그들을 대상으로 2,500만 달러를 모아 경제 대공황을 구제하는 데 사용하겠다고 밝혔다. 모건의 발언이 끝나자 회의장 안이 술렁이기 시작했다. 거액 2,500만 달러를 모으려면 1인당 상당한 액수의 돈을 내야 했다.

모두 주저하고 있을 때 모건이 문서를 꺼내 들었다.

"각자 내야 할 금액은 제가 이미 정해놓았습니다. 여러분은 이 문서에 서명만 하면 됩니다."

모건은 모든 상황을 능수능란하게 주도해나갔다. 그의 연륜과 경험은 누구도 무시할 수 없는 힘이었다. 은행가들은 어쩔 수 없이 이 경제 구제안을 받아들여야 했고, 하나둘씩 서명을 해나갔다.

마지막으로 에드워드 킹Edward King이 서명할 차례가 되었다. 그는 은행업계에 발을 붙인 지 오래되지 않았지만 명석한 사업 두뇌와 수완 덕에 젊은 나이에 재력가가 될 수 있었다. 하지만 아직 경험이 미천하다 보니 이 갑작스러운 모금 방식에 당황한 듯 펜을 쥔 손끝을 떨고 있었다. 그의 긴장감을 알아챈 모건이 그에게 다가가 어깨를 다독였다.

"킹, 어서 서명을 하게."

모든 사람이 서명하고 나서야 모건은 굳게 닫아두었던 문을 활짝 열었다. 이렇게 금융업계의 살아 있는 전설 모건은 자신의 권력과 힘을 이용해 처음부터 모든 상황을 주도해나갔고, 바라던 대로 자금을 모으는 데 성공했다.

협상에서 주도적 역할을 맡는 것은 무엇보다 중요하다. 협상가가 전면에 나서서 적극적으로 협의를 이끌어나갈수록 자신의 목소리를 높일 수 있고, 원하는 것을 얻을 승산도 높아진다.

객관성을 확보하라

성실과 근면을 당신의 영원한 벗으로 삼아라.
– 벤저민 프랭클린

크라이슬러^{Chrysler}는 미국 자동차산업의 삼두마차 중 하나로, 약 70억의 자산을 보유하고 있는 미국 10대 제조업체이다. 그러나 1970년부터 1978년까지 9년 동안 크라이슬러는 4년 연속 적자를 기록했고, 그중 최고 적자액이 2억 4백만 달러에 달했다. 이 재정 위기의 순간, 아이어코카 사장은 회사 경영을 유지하기 위해 정부에 긴급 구제금융을 신청할 수밖에 없었다.

미국은 자본주의국가로 기업 간 자유경쟁 원칙에 따라 정부의 간여를 허용하지 않았다. 그의 요청은 즉각적으로 사회에 큰 파문을 불러일으켰고, 대다수 국민은 크라이슬러가 파산하더라도 정부에 구제받아서는 안 된다고 생각했다.

아이어코카는 이 일로 국회 청문회에 불려나가 국회의원들의 질문

세례에 시달려야 했다. 그는 질문에 대답할 때면 고개를 들어 질문자를 응시했고, 두 사람 사이에는 팽팽한 긴장감이 흘렀다. 금융안정감시위원회Financial Stability Oversight Council 의장이자 상원의원인 윌리엄이 아이어코카에게 질문했다.

"만약 이번 구제금융 신청이 통과되면 정부가 크라이슬러의 경영에 더 깊이 개입할 겁니다. 이는 지금껏 자유기업 경제를 옹호하는 데 앞장서 왔던 당신의 입장에 위배되는 것이 아닙니까?"

무척이나 날카로운 질문이었지만 아이어코카의 대답도 예리했다.

"평생을 자유기업 경제 옹호자로 살아왔습니다. 다만 지금은 정부의 도움을 받지 못한다면 크라이슬러의 파산은 불 보듯 훤한 상황이죠. 저는 모든 것을 떠나 크라이슬러를 구해야겠다는 생각밖에 없습니다."

아이어코카의 이야기가 계속되었다.

"여기 계신 여러분들도 잘 아시겠지만, 구제금융을 신청한 기업이 저희가 처음은 아닙니다. 지금까지 여러분은 이미 4,090억 달러의 보증 대출을 했습니다. 크라이슬러는 미국의 10대 기업이고, 60만 노동자의 생계가 달려 있는 곳이기도 합니다. 그런 회사가 문을 닫으면 그 틈을 타 일본 자동차회사가 시장을 잠식할 것이고, 우리 몇십만 명의 직원은 그들의 직원이 되어 있을 겁니다. 더구나 크라이슬러가 파산하면 미국 정부는 실업인구를 위해 1년 동안 27억 달러에 달하는 보험금과 복지비를 부담해야 합니다. 그야말로 엄청난 액수이죠!"

청문회장 안은 쥐 죽은 듯 조용해졌고, 아이어코카의 목소리만이 그 안을 채웠다.

"여러분에게는 두 가지 선택권이 있습니다. 하나는 우리 회사를 구제하지 않고 27억 달러를 낭비하는 것입니다. 다른 하나는 27억 달러의 절반으로 크라이슬러를 구제하는 것입니다. 더구나 이 선택을 하면 훗날 그 돈을 전부 돌려받을 겁니다."

아이어코카의 논리적인 설득은 국회의원 모두의 입을 막아버렸고, 정부 구제금융은 만장일치로 통과되었다.

아이어코카는 크라이슬러를 살리기 위해 정부의 구제금융을 신청했고, 청문회에 불려나가 다수의 질문 공격에 시달리는 수모도 마다하지 않았다. 그는 어떤 날카로운 질문에도 자신의 소신을 굽히지 않았고, 감정에 휩쓸려 이성을 잃지도 않았다. 객관적인 사실에 근거해 정부의 구제금융이 왜 필요한지, 왜 해줄 수밖에 없는지 차근차근 설명하며 다른 선택의 여지가 없다는 확신을 주었다. 객관성이야말로 상대를 설득할 때 힘을 실어주는 가장 강력한 무기가 아닐 수 없다.

계약서를 준비한다

> 비즈니스 시대에 부의 대부분은 약속을 통해 만들어진다.
> – 아디이아흐

"사장님, 큰 계약을 따내지 못하면 공장을 유지하기가 힘들 거 같아요."

직원들이 출근하기 전 이른 시간, 공장장 마이크의 비서 마리아가 심각한 표정으로 그에게 최후 통보를 했다.

마이크는 1년 전 하버드대학교를 졸업한 후, 동창과 가족 들이 놀라자빠질 만한 선택을 했다. 유명 전자회사 부회장 자리를 마다하고 교외에 나사 생산 공장을 세운 것이다.

지난 1년 동안 그는 발품을 팔아가며 소규모 업체와 계약을 맺었고, 그들에게 제품을 납품해 공장을 유지해왔다. 두 달 전에는 대출을 더 받아 첨단 설비까지 들여놓았다. 하지만 근처에 다른 나사 공장이 들어서면서 판로가 줄었고, 대출 때문에 공장을 유지하기가 전보다 더 힘들어졌다.

"압니다. 방법을 강구해봐야죠."

그러던 어느 날 마이크는 자동차 광고를 보다가, 돌연 대형 제조업체와의 계약에 도전해보고 싶다는 생각이 들었다. 그래서 당시 미국에서 몇 개 되지 않던 자동차 제조업체를 목표로 설정했다.

마이크는 하버드에서 배운 지식을 총동원해 자동차업체들에 대한 자료를 수집하고, 데이터를 분석하고, 제품 수주 가능성 여부를 면밀히 조사했다. 그런 후 그는 현재 생산 규모를 확대 중인 한 제조업체를 협상 목표로 정했다.

마이크는 확신이 서자 곧장 그들에게 연락했고, 햇살 좋은 오전에 협상을 시작했다.

협상 테이블에 앉은 제조업체의 태도는 건방지고 안하무인이었다. 마이크는 오로지 공장의 회생을 위해 모든 굴욕을 참아가며 제품의 우수성을 차근차근 설명해나갔다. 그렇지만 오전이 지나도록 상대의 마음은 움직일 기미를 보이지 않았다. 결국 첫 협상은 아무 성과 없이 끝나고 말았다.

마이크는 이번 협상을 통해 한 가지 사실을 파악했다. 공장에 첨단 설비를 보유하고 있어도 지명도가 없다 보니 어떤 말을 해도 상대가 귀담아듣지 않는 것이었다. 그때 한 가지 묘안이 떠올랐다. 그는 마음을 가다듬고 책상 앞에 앉아 계약서 초안을 작성했고, 그 안에 오전에 했던 모든 중요한 대화 내용을 첨부했다.

두 번째 협상이 열렸을 때, 마이크는 준비해 간 계약서를 제조업체 측에 건넸다. 그때까지만 해도 오만하게 굴던 그들은 계약서를 쭉 훑어보고 나자 태도가 완전히 바뀌었다. 계약서에 적힌 내용은 무척이나 합리적이고 완벽했으며 그들이 원하는 조건을 거의 충족시켰다.

"당신이 작성한 계약서가 맞습니까?"

제조업체 협상 대표가 놀란 듯 물었다.

"그렇습니다. 어제 설명드린 내용과 시장 분석을 바탕으로 만들어보았습니다."

마이크는 자신이 작성한 계약서가 상대의 마음을 사로잡았다는 확신이 들었다.

"음, 일단 돌아가서 경영진과 상의해본 후 다시 얘기 나누기로 하죠."

그리고 사흘이 지났을 때쯤 제조업체는 전화를 걸어와 계약을 결정했다.

마이크는 첫 번째 협상을 통해 상대에게 계약에 대한 확신이 없음을 파악했다. 그들은 마이크의 제품에 관심이 있었지만 아직 지명도가 없는 영세 사업체라는 이유로 그의 설명에 귀를 기울이지 않았다. 마이크는 굴하지 않고 설득의 또 다른 수단으로 계약서를 선택했다. 계약서에는 협상에서 자신이 설명했던 부분과 상대가 선입견에 휘말려 귀 기울이지 않았던 세부 사항들까지 꼼꼼하게 첨부했고, 마침내 계약 체결에 성공했다. 이처럼 문서는 협상 효율을 높이는 효과적 수단 중 하나이다.

서류 쌓아놓기

어떤 협상이든 자신이 사용하는 전술 혹은 기교가 그 협상 내용에 적합한지 고려하는 것이 가장 중요하다.
– 조지 보들 George Bowdle

다음은 하버드 경영대학원 학생들이라면 누구나 알고 있는 고전적인 협상 사례이다.

오래전 한 회사에서 이사회가 열렸다. 회의가 시작되자 테이블에 둘러앉은 이사 몇 명이 열띤 토론을 벌였다.

모든 이사들 앞에는 펜과 종이가 놓여 있었는데 그들 중 딱 한 명의 책상 위에만 한 무더기의 자료가 쌓여 있었다. 이사들이 이번 이사회의 주제를 놓고 치열한 논쟁을 벌이는 와중에도 책상 앞에 자료를 잔뜩 쌓아놓은 이사의 입은 줄곧 닫혀 있었다. 그런데 시간이 흐를수록 사람들이 그의 눈치를 보는 기이한 현상이 벌어졌다.

모든 이사들의 발언이 끝난 후, 의장은 계속 아무 말 없이 앉아 있는 이사에게 몇 마디 해달라고 요청했다. 그러자 그 이사는 자리에서 일어나 손에 잡히는 대로 자료 하나를 집어 들고 읽어 내려가기 시작했다. 그의 말은 무척 논리적이고 일목요연했으며, 단 몇 마디 했을 뿐인데도 모두가 그의 말에 동조하며 고개를 끄덕였다. 그렇게 지지부진하게 이어지던 논쟁도 말끔하게 정리되었다.

회의가 끝나고 나자 의장은 그에게 악수를 청하며 이번 회의를 위해 많은 자료를 준비하고 귀한 의견까지 내준 것에 대해 감사 인사를 전했다. 그러자 그 이사는 어리둥절한 표정으로 그에게 되물었다.

"자료요? 이걸 말하는 건가요? 이것들은 내 비서가 그날그날 스크랩해준 신문 기사들입니다. 너무 오래된 것들이라 오늘 폐기 처분할 생각이었는데 이사회가 소집되는 바람에 잠깐 올려두었죠."

의장은 뒤통수를 맞은 듯했고, 서류 전략의 힘을 새삼 깨달았다.

'서류 전략'은 하버드 협상연구소에서 줄곧 강조해온 협상 전략 중 하나이다. 다만 이 전략은 협상이 막 시작되었을 때에만 효과를 볼 수 있다. 협상이 어느 정도 진척이 된 상태라면 적합하지 않다. 만약 상대가 협상 중간에 갑자기 산더미 같은 자료를 꺼내 놓는다면 어떤 기분이 들겠는가? 분명 그 의도를 의심하거나 심지어 짜증이 솟구쳐 오를 수도 있다.

하버드 협상연구소는 이 전략을 사용할 경우 협상 인원에 주의해야 하고, 시작과 끝이 있어야 한다고 말한다. 즉 서류 전략으로 협상 초기의 긴장감을 높이고, 그 긴장감을 끝까지 유지해 결론을 이끌어내는 것이 중요하다.

디테일의 힘

> 작은 일이 큰일을 이루게 하고, 디테일이 완벽
> 을 가능하게 한다.
> — 데이비드 패커드 David Packard

허브 코헨이 모 회사의 위임을 받아 남아프리카에서 한 광산업자와 광산 인수 협상을 벌였다. 그는 앞서 조사한 해당 광산의 자산평가액을 바탕으로 1,400만 달러를 제시했고, 광산업자는 터무니없이 높은 2,600만 달러를 요구했다. 코헨이 아무리 설득해도 그의 마음은 요지부동이었다.

협상 과정에서 코헨의 제시 가격은 1,400만 달러에서 1,600만, 1,700만 달러, 2,000만 달러까지 계속 올라갔다. 하지만 2,140만 달러까지 가격을 올려도 광산업자는 여전히 2,600만 달러를 고수했다. 코헨 역시 이 이상은 가격을 올릴 수 없었다.

왜 굳이 2,600만 달러를 고집하는 걸까? 허브 코헨은 문득 이런 의문이 들었다.

첫 번째 협상은 아무런 성과도 없이 끝이 났다. 코헨은 답답한 마음을 풀기 위해 광산업자를 초대해 함께 테니스를 쳤고, 운동이 끝난 후에는 식사 자리를 마련했다. 그리고 바로 이 자리에서 코헨은 의문에 대한 해답을 얻을 수 있었다. 한담을 나누던 중, 광산업자는 친구가 1년 전 2,400만 달러의 좋은 조건으로 광산을 팔았다고 말했다. 아마도 그 후로 광산업자는 그 친구보다 무조건 더 비싼 값에 광산을 팔아야 한다는 강박관념이 생긴 듯했다.

허브 코헨은 이 사실을 알게 된 후 곧바로 본사에 연락해 광산업자의 친구가 거래를 할 당시 어떤 조건으로 얼마를 받고 팔았는지 정확히 조사해달라고 요청했다.

모든 조사가 끝난 후, 코헨은 다시 한 번 광산업자와 협상을 시작했다. 코헨은 광산업자의 친구가 거래할 당시의 상황과 조건을 고려해 그보다 더 좋은 조건으로 광산업자의 마음을 돌렸다. 마침내 협상은 급물살을 탔고, 거래 가격은 코헨이 제시한 대로 회사의 예산을 벗어나지 않는 범위에서 조율이 이루어졌다.

협상은 예측할 수 없는 돌발 상황이 언제 우리를 울고 웃게 할지 모르는 힘든 과정이다. 설사 서로의 의견이 팽팽히 맞서 더 이상 희망이 없어 보인다고 해도 조급해할 필요는 없다. 오히려 이럴 때일수록 협상이 아무런 진척 없이 제자리걸음만 하는 이유를 세세히 들여다보아야 한다. 사소한 대화의 디테일에서 협상 성공 열쇠를 발견할 수 있을 것이다.

내숭을 떨어라

배우는 거부당하기 위해 헤맨다. 거부당하지 않
으면 스스로를 거부한다.
— 찰리 채플린 Charlie Chaplin

하버드 출신 잭은 대학을 졸업하자마자 연봉이 꽤 높은 일자리를 잡을 수 있었다. 그는 여윳돈이 생기자 평소 로망이었던 요트를 구입했다. 하지만 일에 파묻혀 살다 보니 요트를 타고 여가를 즐길 여유가 점점 사라졌다. 더구나 매년 들어가는 유지비와 보수비도 만만치 않았다. 결국 잭은 하루라도 빨리 요트를 팔기로 결정했다.

어느 날 잭이 요트 갑판에 앉아 쉬고 있는데, 한 남자가 그에게 다가와 물었다.

"여자 친구와 함께 바다를 구경하러 왔는데 정말 멋지네요. 여기에 요트만 있으면 더 환상이겠다는 생각이 들더군요. 혹시 이 요트를 우리에게 파실 생각이 없으신가요?"

잭은 드디어 요트를 팔 수 있다는 생각에 속으로는 쾌재를 불렀지만 겉으로는 조금도 내색하지 않았다. 그는 요트를 사겠다고 나선 남자를 유심히 살펴보았다. 남자의 몸에 걸쳐진 모든 것이 명품이었다. 돈 많은 사내가 분명했다.

잭은 순간 주저하는 기색을 보였다.

"이 요트를 팔 생각을 해본 적이 없어서 선뜻 대답을 못하겠군요. 일단 올라타십시오. 이것도 인연인데 두 분께 바다 구경을 제대로 시켜드리겠습니다."

잭은 연인을 요트에 태우고 바다 한가운데로 나갔다. 그러고는 요트에 대한 무한한 애정을 드러내며 자신의 요트가 얼마나 멋진지 끊임없이 부각했다.

"두 분에게도 이런 요트가 있다면 함께하는 시간이 더 행복해지실 겁니다!"

요트에 대한 잭의 열정은 이 연인을 흥분시켰고, 남자는 꼭 이 요트를 사야겠다고 어필했다. 잭은 난처한 표정으로 남자에게 물었다.

"만약 요트를 판다면 얼마에 사실 생각이신가요?"

"최고 3만 달러까지 쳐드리겠습니다. 2만 5천 달러가 가장 적정하다고 보기는 합니다. 물론 2만 달러에 파시면 더할 나위 없이 좋겠죠!"

그 순간 잭은 한 가지 사실을 깨달았다. 만약 자신이 처음부터 요트를 팔겠다고 나섰다면 상대는 2만 달러를 제시했을 테고, 많아봐야 2만 5천 달러를 넘기지 않았을 것이다. 그렇게 흥정이 시작되고, 두 사람은 2만 7천 달러에 거래를 마칠 수 있었다.

거래 과정에서 처음부터 자신의 제품을 파는 데 급급하면 상대는 일부러 더 가격을 낮추고 싶은 심리가 생긴다. 반대로 제품을 팔고 싶지 않은 것처럼 애를 태우면 상대는 자신이 생각했던 것보다 더 높은 가격을 부르며 어떻게든 제품을 손에 넣고 싶어한다. 이 전략이 효과적으로 쓰이면 판매자는 거래에서 우위를 점하게 되고, 더 큰 이익을 챙길 수 있다.

경쟁을 붙여라

> 진정으로 현명한 사람은 다른 사람의 지혜를 빌려 화를 면할 줄 안다.
> – 소크라테스

미국의 한 협상가가 자기 집에 수영장을 만들고 싶었다. 하지만 그는 길이와 넓이의 개념만 알 뿐, 건축자재와 관련해 아는 바가 전혀 없었으므로 하루빨리 하청업체를 찾아야 했다. 하지만 공사의 질과 원가를 모두 고려해야 하다 보니 문외한인 자신이 한 업체를 선정하는 것도 쉬운 일이 아니었다. 이때 그에게 한 가지 좋은 방법이 떠올랐고, 그는 사흘 만에 싸고 좋은 품질을 제공할 하청업체를 구할 수 있었다.

우선 협상가는 신문에 하청업체를 구한다는 광고를 냈다. 그리고 자신에게 연락을 해 온 수많은 업체 중 세 곳을 추렸다. 그들이 제시한 입찰서에는 비슷한 부분이 거의 없었다. 온수 설비, 여과망 등 공사에 필요한 항목과 비용은 물론 결제 방식까지 다 달랐다.

협상가는 갈피를 잡기 힘든 입찰서를 놓고 골머리를 앓는 대신 세

업체의 대표를 집으로 초대해 따로따로 한담을 나누기로 했다. 그는 오후 시간을 이용해 10분 간격을 두고 그들을 만날 예정이었다. 그 짧은 시간 안에 어떤 진전이 있으리라고는 누구도 상상하지 못했다.

협상가는 먼저 A사를 접대했다. A사 대표는 협상가에게 최고의 수영장을 만들 자신이 있다고 호언장담하며, 여과망도 최신 제품을 사용할 계획이라고 강조했다. 또한 그는 B사 여과망이 구형이고, C사는 일처리가 허술해 언제 파산할지 모른다고 귀띔을 해주었다. 뒤이어 만난 B사 대표는 세 업체 중 자신들만 동으로 된 파이프를 사용한다고 설명했다. C사는 두 업체에서 쓰는 여과망 품질에 문제가 있고, 자신들만이 예정된 기일 안에 최고 품질의 수영장을 완공할 수 있다고 말했다.

협상가는 그들의 말을 모두 들어본 후 하룻밤을 고민한 끝에 B사에게 일을 맡기기로 결정했다. 대신 그는 B사에 C사의 입찰가를 제안했고, 양측은 흥정 끝에 모두가 합당하다고 생각하는 가격에 거래를 성사시켰다.

이 협상가는 수영장 건설에 대해 아무것도 모르는 상태에서 입찰자 세 명의 힘을 교묘하게 이용했다. 그는 그들과의 대화를 통해 구체적인 자재, 가격, 회사 상황 등을 파악했고, 자신에게 가장 유리한 계약을 맺었다. 경쟁을 시켜 타인의 힘을 교묘하게 빌리는 수완 역시 협상 전략이자 노하우라고 할 수 있다.

방어는 최선의 공격

> 무지는 지혜의 어두운 밤이요, 달도 별도 없이 어두컴컴한 밤이로다.
> — 키케로 Marcus Tullius Cicero

협상 전문가 스튜어트는 한 배상금 협상에서 구체적인 금액을 제시하지 않고도 보험회사 손해 사정인 스스로 배상금을 100달러에서 950달러까지 높여 부르게 만들었다. 어떻게 가능했을까?

스튜어트의 이웃이 보험회사 손해 사정인과 배상 문제로 만날 일이 생겼다. 법률 지식이 전혀 없었던 이웃은 스튜어트에게 도움을 청했고, 두 사람은 함께 손해 사정인을 만나 배상금 이야기를 나눴다.

"이번 일을 해결하기 위해 보험회사에서 나온 손해 사정인입니다. 선생님께서 제시하신 금액은 저희로서는 맞춰드리기 힘들 것 같습니다. 100달러 정도면 괜찮을 듯한데, 어떠신가요?"

스튜어트는 표정을 굳힌 채 아무 말도 하지 않았다. 다년간 경험에 비추어볼 때 이런 상황에서 바로 제안을 수락하면 상대는 더 욕심을 부릴 게 뻔했다. 반대로 그의 제안에 불만을 드러내면 타협의 여지와 더 높은 배상금을 받아낼 가능성이 높아졌다.

과연 손해 사정인은 약간 긴장한 표정으로 다시 물었다.

"불만족스러우시다면 좀 더 높여서 200달러는 어떠신가요?"

"음……. 그쪽 입장도 알지만 좀 더 쓰시죠."

"그럼 300달러면 되겠습니까?"

스튜어트는 잠시 주저하며 선뜻 대답을 하지 못했다. 당연히 이 또한 경험에서 나온 연기였다.

"음……. 글쎄요."

"400달러는 어떠신가요?"

"음……. 글쎄요."

"500달러면 만족하시겠습니까?"

"음……. 글쎄요."

협상이 계속될수록 스튜어트는 계속해서 모호한 대답으로 일관했다. 그러나 그는 그 와중에도 상대의 표정과 말투, 반응을 하나도 놓치지 않았고, 시시각각 자신에게 필요한 정보를 포착했다. 또한 스튜어트의 모호한 대답 한마디는 백마디 말보다 더 큰 효력을 발생시켰다. 상대는 그의 말에 압박을 느끼며 혼란스러워했고, 계속해서 그에게 주도권을 빼앗긴 채 가격을 올렸다.

결과적으로 이 협상은 보험사에서 950달러의 배상금을 지급하는 것으로 마무리되었다. 본래 300달러의 배상금을 예상했던 이웃은 스튜어트 덕에 650달러를 더 받게 되었다.

협상에 들어가면 우리는 상대에 대해 필요한 모든 정보를 포착해야 한다. 혹 상대가 수동적이고 방어적인 협상 전략을 사용했다고 해서 주도권을 전부 넘겨주었다고 생각하면 오산이다. 이런 협상 방식이 성공을 거두면 도리어 더 큰 위력을 발휘하고, 예상보다 많은 이익을 챙길 수 있다.

제3자의 힘

> 다른 사람의 말에 귀 기울이지 못하는 것은 관리자의 가장 큰 실수이다.
> — 메리 케이 애시 Mary Kay Ash

스미스는 미국 증권회사의 인사 팀장으로 채용을 담당하고 있었다. 이 일은 회사 고위층 관계자나 사회적으로 명망 있는 사람들의 인사 청탁에서 자유로울 수 없었다.

문제는 그들이 청탁하는 사람들 중 입사 조건을 제대로 갖춘 사람이 그리 많지 않다는 데 있었다. 더구나 이런 청탁을 하는 사람들 대부분이 고위층 관계자이다 보니 그냥 무시했다가는 그의 밥그릇마저 날아가기 십상이었다. 그래서 일단 그들을 입사시키고 나면 누구의 연줄로 들어왔는지 철저히 비밀에 부치느라 마음을 졸여야 했고, 낙하산을 시기하는 회사 직원들의 불만도 잠재워야 했다.

문제가 반복될 때마다 스미스는 극도의 스트레스에 시달리며 홀로 술집에 가서 답답한 속내를 달래고는 했다. 그러던 어느 날, 술집에서 우연히 하버드 경영대학원 동기를 만났다. 동기는 스미스의 고민을 듣더니 호탕하게 웃으며 해결법을 알려주었다.

"스미스, 그런 골치 아픈 문제는 제3자의 입을 빌려 말하면 된다는 거 몰라?"

이 말 한마디에 스미스는 눈이 번쩍 뜨였고, 천군만마를 얻은 듯 힘이 났다. 그날 이후 그는 사장 조카의 입사 문제를 해결하기 위해 새로운 작전을 짰다. 먼저 그전까지 소극적으로 대처하던 자세를 버리고 사장이 추천한 사람에 대해 필요한 정보를 적극적으로 수집했다. 그리고 모든 준비를 마친 스미스는 밝은 표정으로 사장실을 찾았다.

"스미스, 어쩐 일인가?"

사장은 예전과 다른 표정의 스미스를 보자 자신이 부탁한 일이 잘 풀리고 있다고 짐작했다.

"사장님, 원래 오늘 사장님께서 추천하신 톰슨 입사 허가에 관한 최종 결재를 할 예정이었는데 방금 큰 문제가 하나 발견됐습니다. 서류 중에 톰슨의 모교 추천서가 누락되어 있더군요. 아무래도 사장님께서 이유를 물어봐 주셔야 할 것 같습니다. 서류만 다 갖춰지면 톰슨의 입사에는 아무 문제가 없습니다."

스미스는 미간을 찌푸린 사장의 표정을 보며 속으로 쾌재를 불렀다. 이제 그가 쐐기를 박을 차례였다.

"추천서를 받는 데 어려움은 없을 것 같습니다. 알아보니 톰슨의 모교 학장님이 사장님과 동창이시더군요. 사장님께서 직접 말씀하신다면 문제없을 겁니다. 학장 추천서만 보완되면 당장 내일부터라도 출근이 가능하도록 조치를 취하겠습니다."

사장은 한참을 주저하다 내키지 않는 듯 대답을 했다.

"그러지……."

스미스는 자신의 골칫거리를 사장에게 전가했고, 동시에 자신이 그의 청탁을 처리하기 위해 얼마나 최선을 다했는지를 보여주며 좋은 인상을 남겼다.

과연 그 후 사장은 더 이상 톰슨의 입사를 거론하지 않았다. 또한 자신의 청탁을 처리하기 위해 군말 없이 최선을 다해준 스미스에 대한 신뢰 역시 전보다 더 깊어졌다.

일상적 업무이든 협상이든 순조롭게 해결될 수 있다면 더할 나위 없이 좋겠지만 한번 좌절했다고 해서 주저앉을 필요는 없다. 이 또한 자신을 단련시킬 수 있는 좋은 기회이기 때문이다. 좌절에 부딪혔을 때 혼자 그 짐을 모두 떠안는 것만이 능사는 아니다. 필요하다면 제3자의 힘을 빌리는 것도 문제 해결의 지름길이 될 수 있다.

고의로 실수를 저질러도 좋다

> 명예와 부는 지혜가 없으면 언제 사라질지 장담할 수 없다.
> – 그리스 속담

하버드 경영대학원 출신 협상 전문가 피터는 유명한 부동산업체 대리인으로 토지 소유주와 협상을 벌였다.

피터를 고용한 부동산업체는 최근 2년 동안 빠르게 성장해왔고, 이미 안정 궤도에 오른 만큼 자금난에 시달리지도 않았다. 그러나 업체는 시종일관 200만 달러에 향후 10년 안에 가치가 상승할 가능성이 높은 특정 부지를 매입하고자 했다. 당시 이 업체뿐 아니라 여러 회사에서 이 토지를 차지할 기회를 호시탐탐 노리고 있었다.

처음 매매 공고가 났을 때 모든 부동산회사가 제시한 가격은 180만 달러 내외였지만 토지 소유주는 한사코 250만 달러를 고수했다. 일부 작은 회사들은 그 금액에 부담을 느껴 협상할 엄두조차 내지 못했다. 규모가 큰 회사들 또한 감당할 능력이 되더라도 가능한 한 가격을 낮춰 매입하기를 원했다. 다른 대리인들과 마찬가지로 피터 역시 사전에 각종 자료와 정보를 수집했고, 토지 소유주와 친분을 쌓기 위해 노력했다. 그는 수시로 소유주를 만나 차를 마시거나 골프를 치며 대화를 나눴다. 그러던 중, 피터는 우연히 소유주의 고민을 알게 되었다. 환경 보호에 관심이 많았던 소유주는 자기 농장에 있는 고목들이 개발과 동시에 잘려 나갈까 봐 염려하고 있었다.

피터는 그 말을 듣자마자 휴양지를 운영하고 있는 고객 한 명을 떠올렸다. 피터는 즉시 그 고객에게 전화해 고목을 사들이게 했고, 고목을 베지 않겠다는 약속을 받았다.

이때부터 토지 소유주는 피터를 다르게 보기 시작했다. 이제 협상에 남은 경쟁 상대는 오로지 한 명뿐이었다. 경쟁자가 부른 가격은 피터보다 1만 달러가 많은 196만 달러였다. 그런데 무슨 이유에선지 소유주는 선뜻 결정을 내리지 못했고, 협상은 한 차례 더 연장되었다.

피터는 남은 한 번의 협상이 마지막 기회임을 알았다. 이때까지 피터는 자신이 대리하는 회사가 제시할 수 있는 가격의 최고 한도액은 195만 달러라고 못을 박은 상태였다.

<u>최후 협상일</u>이 <u>되었을</u> 때 피터는 병을 핑계로 출석하지 않고 대리인을 보냈다. 이전 협상에서 양쪽이 제시한 가격을 듣는 순간 대리인은 놀란 듯 당황한 기색을 감추지 못했다.

"이런 세상에! 뭔가 착오가 있는 듯하네요. 아무래도 피터가 요새 정신없이 바빠 착각한 것 같습니다. 저희 쪽 부동산업체는 최고가로 분명 200만 달러를 제시했습니다."

그가 잠시 고민을 하는가 싶더니 다시 단호하게 입장을 밝혔다.

"하지만 일은 이미 벌어졌고, 저 또한 고객이 좋은 부지를 놓치는 것을 보고 싶지 않군요. 경쟁사에서 196만 달러를 불렀다고 하니 저희는 200만 달러를 제시할 수밖에요!"

협상 전 피터가 더는 양보할 수 없다고 했던 금액을 훨씬 웃도는 액수였다. 경쟁사 역시 상대가 갑자기 5만 달러를 높여 부르리라 예상하지 못한 듯 당황한 기색이 역력했다. 결국 소유주와 대리인은 200만 달러에 거래를 성사시켰다.

피터는 다른 부동산업체보다 한발 앞서서 토지 소유주의 고민을 해결해주며 그의 호감을 산 뒤, 경쟁자가 제시한 최고가보다 조금 낮은 가격을 내걸고 이 이상은 양보할 수 없다는 인상을 남겼다. 물론 이 모든 것은 그가 철저히 의도한 거짓이었다. 이처럼 때로는 고의로 실수를 범하는 것이 만족스러운 결과를 얻는 전략이 될 수 있다.

기회의 또 다른 얼굴을 찾아라

항상 낚싯바늘을 던져두어라. 전혀 기대하지 않은 곳에 물고기가 있을 것이다.
— 오비디우스 Publius Naso Ovidius

영국 모 맥주회사 부사장 베이어는 남미 출장을 마치고 공항으로 갈 준비를 하던 차에 본사 사장에게 전화 한 통을 받았다. 당장 자메이카로 가서 바이어를 만나 협상을 마무리 지으라는 지시였다. 하지만 자메이카는 비즈니스 비자 없이 사업차 입국하는 것을 법으로 금지하고 있었다. 당장 비자를 신청한다 해도 며칠이 걸릴지 알 수 없었다. 베이어는 과감하게 도박을 해보기로 결심했다.

베이어가 입국 심사대에 서자 이민관리국 직원이 그의 가방을 검사했다. 역시나 베이어의 가방에 든 사업 관련 자료들이 그의 발목을 잡았다. 관리국 직원들은 그가 사업상 방문했다고 판단하고 입국을 불허했다. 베이어는 비즈니스 때문에 다른 나라에 갔다가 귀국길에 잠시 휴식차 들렀다고 차분히 설명했다. 직원은 미심쩍어하면서도 입국을 막을 확실한 증거를 찾지 못해 결국 그의 입국을 허가했다. 다만 그가 자메이카에 머무는 동안 사업상 미팅을 하지 못하도록 직원 한 명을 동행시켰다.

베이어는 호텔에 투숙한 후, 바이어에게 전화를 걸어 사정을 설명했다. 그가 전화를 끊고 나자 이민국 직원이 나타나 앞으로 밀착 감시를 받을 거라고 경고했다. 또한 당국의 지시를 어기고 비즈니스 활동을 할 경우 강제 출국과 함께 거액의 벌금을 내야 한다고 엄포를 놓았다.

이어진 이틀 동안 베이어 곁에는 늘 경찰이 붙어 그의 일거수일투족을 감시했다. 관광객처럼 놀러 다니기도 불편한 마당에 사업상 미팅은 꿈도 꿀 수 없었다.

그런데 놀랍게도 베이어는 모든 임무를 완수하고 귀국 비행기에 몸을 실었다. 어떻게 가능했을까?

베이어가 머물던 호텔 수영장 옆에는 미니바가 있었다. 어느 날 그는 수영을 마친 후 바에서 비키니 차림의 아름다운 여성과 술잔을 기울였고, 바텐더와도 한담을 나누며 여독을 풀었다.

하지만 이것은 베이어를 멀리서 감시하던 경찰의 착각이었다. 사실 그 여성은 바이어 측 비서였고, 바텐더 역시 베이어가 만나야 했던 바로 그 사장이었다.

베이어는 밀착 감시를 받는 상황에서도 자메이카에서 자신에게 주어진 시간을 쉽게 포기하지 않았다. 그는 임무를 완수하기 위해 모험을 했고, 마지막 순간까지 현지 회사와 비밀리에 접촉을 시도하며 회사에 거액의 이윤을 안겨주었다.

반드시 해내야 한다는 집념만 있다면 어떤 장애도 협상의 걸림돌이 될 수 없다. 자신이 어떤 시간, 장소, 상황에 내몰리든 그것이 마지막 기회라고 생각한다면 일분일초까지 불가능을 가능으로 돌리기 위해 모든 수단과 방법을 동원해야 한다.

마지막 1분까지

> 용기는 어려움을 이겨내는 과정에서 생긴다.
> — 오스트로프스키 Aleksandr Nikolaevich Ostrovsky

거래를 할 때 마지막 1분까지 시간을 끄는 것은 유대인들이 자주 쓰는 협상 전략 중 하나이다.

한 미국 사업가가 사업차 이스라엘을 방문했다. 이스라엘은 유대인의 나라였고, 그가 만나야 할 바이어 역시 유대인이었다.

유대인들은 공항에서 미국인을 차에 태우고 호텔로 향하며 말했다.

"이스라엘에 오신 것을 환영합니다. 이 나라의 아름다운 모습을 마음껏 눈에 담아 가시길 바랍니다. 아, 그런데 귀국 예정일이 정해지셨나요? 저희에게 알려주시면 그때 공항까지 모셔다 드리겠습니다."

미국인은 그들의 친절한 접대에 기분이 좋아져 어느새 마음을 열고 비행기 표를 꺼내 보여주었다.

"그럼요, 오기 전에 돌아갈 표도 미리 사두었습니다."

유대인은 표를 확인하고 그가 14일 동안 머문다는 사실을 확인해두었다.

이어진 일정에서 미국인은 이곳저곳을 관광했다. 황궁 참관, 신사 방문, 종교 체험 등 다양한 경험을 하는 동안 미국인이 틈틈이 사업 얘기를 꺼내려 하면 유대인에게서 돌아오는 대답은 늘 같았다.

"급할 거 뭐 있습니까. 시간도 많은데 천천히 얘기해도 됩니다."

그렇게 며칠이 지나고, 마침내 협상 자리가 마련되었다. 미국인은 현지 풍속에 따라 딱딱한 바닥에 앉아 협상을 진행해야 했다. 그런데 유대인은 곧바로 협상을 시작하지 않고 먼저 저녁을 대접했다. 미국인은 4시간 넘게 바닥에 앉아 있느라 곤욕을 치렀고, 저려오는 다리의 통증을 참아야 했다. 옆에 있는 유대인에게 언제 협상을 시작할 수 있는지 물었지만, 유대인은 아직 날이 저물지 않았으니 천천히 하자고 여유를 부렸다. 결국 미국인은 협상을 시작하기도 전에 피곤에 지쳐버리고 말았다.

하루하루 시간만 지나갈 뿐 협상은 아무런 진척도 없었다. 12일째 되는 날도 협상이 열렸지만 오후가 되자 유대인은 미국인을 골프장으로 데리고 갔고, 13일째 되는 날은 성대한 연회를 열어준다며 협상을 앞당겨 끝냈다.

마지막 14일째가 되던 날에도 협상은 아무런 성과가 없었다. 결국 미국인과 유대인은 공항으로 가는 길에 서둘러 협상을 마쳐야 했다. 물론 의심의 여지도 없이 유대인이 더 큰 이익을 챙겼다.

유대인은 14일 동안 최선을 다해 미국인을 접대했고, 그에게 어떤 불만거리도 만들지 않았다. 장사의 신답게 마지막 날까지 교묘하게 협상을 미루며 상대의 마음을 조급하게 했을 뿐이다. 결국 미국인은 시간이 없는 급박한 상황에서 손해를 감수하고서라도 계약을 맺을 수밖에 없었다. 때로는 최후의 순간까지 협의를 미루는 것도 원하는 것을 얻는 전략이다.

11강

원하는 숫자에 다가가기

옵션으로 거래하라

다양한 가격 옵션을 제시하면 판매자와 고객을
적대 관계가 아닌 협력 관계로 바꿀 수 있다.
— 브라이언 디트마이어 Brian J. Dietmeyer

어느 병원이 부지를 구입해 건물을 확장할 계획을 세우고 입찰 공고를 냈다. A, B, C, D사가 입찰에 응했다.

A사는 입찰서에서 자사의 숙련된 기술력을 상세히 기록하고 튼튼한 건물을 지어 환자에게 쾌적한 환경을 제공하겠다고 약속했다. 또한 이 기술력을 바탕으로 공사 소음을 대폭 줄일 수 있다고 장담했다. 그렇다면 저녁에도 시공할 수 있어 완공 기간을 크게 단축할 수 있었다.

B사 입찰서는 A사처럼 우수한 기술력을 강조한 것도 아니고, 별다른 특징도 없었다. 하지만 네 회사 중 가장 분량이 많고 두툼했다. B사는 입찰서에서 자사를 상세히 소개한 후, 시공용 자재와 사용 용도, 건축 방식 등에 대해 구체적으로 언급했다. 또한 3층까지 건물을 올릴 때는 건축자재 변경을 고려해야 한다고 병원에 건의하기도 했다. 그들은

자재 변경이 자재를 절약하는 측면도 있지만 환자에게 더 나은 환경을 제공할 수 있다고 강조했다. 이와 관련된 시공 계획과 비용에 대해서도 서류를 첨부했다.

C사의 장점은 건축자재에 있었다. C사에서 사용하는 콘크리트는 모두 가까운 친척에게 납품받기 때문에 가격 경쟁력이 있었다.

D사 역시 다른 회사와 마찬가지로 매우 믿을 만한 곳이었다. 회사 연혁이 가장 오래되었고, 그동안 쌓아온 경험도 풍부했다. D사는 입찰서에서 건축자재와 건축 방식을 집중적으로 분석하며 자신감을 드러냈다. 또한 자신들이 사용하는 건축자재가 가장 완벽하다고 강조하며 병원 측에 비교적 비싼 원가의 자재를 적극 추천했다.

며칠 후, 병원 측은 입찰에 응한 회사에 일단 자재 선정을 마쳤다고 통보하고, D사가 추천한 그런 종류는 전혀 아니라고도 덧붙였다. 그 연락을 받은 D사는 즉각 대안을 강구해 새로 작성한 입찰서를 병원에 제출했다. 다른 회사는 아무런 반응을 보이지 않았다. 병원은 B사와 D사를 합작 파트너로 선택했다.

누구나 비즈니스 거래에서 최대한의 이익을 얻고 싶어한다. 흥정은 인간의 이런 심리에서 시작되었다. 먼저 상대의 의중을 알아본 후 적극적으로 다양한 옵션을 제시한다면 상대는 자연스럽게 흥정을 뒤로한 채 어떤 옵션이 최선인지부터 생각할 것이다.

예상을 뛰어넘어라

> 너무 멀리 갈 위험을 감수하는 자만이 얼마나 멀리 갈 수 있는지 알 수 있다.
> — 엘리엇 T. S. Eliot

거래를 할 때 양측은 모두 자신에게 가장 유리한 결과를 얻고 싶어한다. 즉 한쪽은 높은 가격에 팔고 싶고, 다른 한쪽은 낮은 가격에 사고 싶다. 이렇게 서로의 요구 조건이 다르다 보니 이것을 조율하기 위해서라도 흥정은 피할 수 없다.

메리는 직장 때문에 뉴욕에서 시카고로 이사를 가야 했다. 그녀는 시카고로 가서 부동산 중개소를 통해 소개받은 집의 위치, 교통, 가격 등을 꼼꼼하게 비교해본 후, 그중에서 가장 마음에 드는 집을 보기 위해 찾아갔다. 그 집은 교통도 괜찮았고, 특히 회사와 가까워 출퇴근 시간을 크게 줄일 수 있었다. 그녀가 예상한 집의 거래 가격은 대략 350만 달러였다.

메리가 가격을 묻자, 집주인은 400만 달러를 제시하며 이렇게 덧붙였다.

"이 집은 교통이 편리할 뿐 아니라 시내에서 멀지 않아 좋아요. 시내로 볼일이 있어 나갈 때 오래 안 걸리고, 교통 체증 때문에 고민할 필요도 없죠. 게다가 주변 환경도 무척이나 아름다워요. 한번 쭉 둘러보세요. 주변에 초목이 우거지고, 정원도 잘 조성되어 있죠. 조금만 걸어 나가면 호수가 있는데, 동양식 정자에 앉아 쉴 수도 있답니다. 이 주변에서 이렇게 풍경이 근사한 동네는 여기가 유일해요."

메리는 반론을 내놓았다.

"하지만 저는 300만 달러 정도의 집을 찾고 있거든요. 교통도 중요하지만, 오면서 보니 주변에 대형 마트가 하나도 없더군요. 매주 장을 보러 멀리 나가야 해서 번거로울 것 같아요. 게다가 관리비도 비싸고, 집값도 예상보다 훨씬 높아서 제게는 좀 부담스럽네요."

집값을 두고 집주인과 가격 협상에 들어간 메리는 집주인의 말에서 정보 하나를 얻었다. 바로 이 집을 사겠다고 나선 사람이 많지 않다는 것이었다. 그 말은 자신에게 다른 경쟁자가 거의 없다는 뜻이었다. 집주인 역시 대화를 하면서 그녀가 이직 때문에 시카고로 이사를 온다는 사실을 알아냈다. 그렇다면 그녀는 집을 빨리 구해야 했고, 이 집에서 회사까지의 거리도 비교적 가까웠다.

양측은 모두 자신이 우위를 점하고 있다고 생각했다. 그러나 한쪽은 사려는 입장이고 다른 쪽은 팔려는 입장이다 보니 가격을 둘러싼 입장 차이는 점차 좁혀질 수밖에 없었다. 그렇게 두 사람은 360만 달러에 거래를 마쳤다. 또한 메리는 1년간 관리비를 면제받는 혜택까지 누리게 되었다.

위의 사례에서 메리는 매우 흡족한 조건에 집을 구한 반면 집주인은 처음 제시했던 400만 달러와 비교했을 때 손해를 본 것처럼 보인다. 그러나 이 집의 실제 거래 가격은 350만 달러였다. 집주인은 처음부터 상향 조정한 가격을 제시했고, 그 덕에 손해를 보지 않고 흥정의 마지노선이 형성될 수 있었다.

상대를 전문가로
만들어라

상대가 높은 가격에 심리적 부담을 느끼지 않게 하려면 가격 제시에 앞서 제품의 장점, 우대 혜택, 심지어 전혀 상관없는 말을 덧붙여서라도 고객의 생각을 다른 곳으로 돌려라.
— 하버드 협상연구소

뉴저지의 한 가죽회사 영업 팀장 프레드 로저스가 신제품을 팔기 위해 고객을 만났다.

"저희 회사에서 새로 출시한 제품인데 어떠십니까?"

프레드가 고객에게 제품을 보여주며 물었다.

"이 가죽 제품의 품질이 좋다는 말은 익히 들어 알고 있습니다. 저도 마음에 드네요. 아, 그렇다고 구매 의사가 있다는 뜻은 아닙니다. 제가 보니 가격이 상당히 높을 듯하거든요!"

"사장님이야 사업 쪽으로 워낙 베테랑이셔서 가죽에 대한 지식도 거의 전문가 수준이라고 알고 있습니다. 사장님이 보시기에 이 가죽의 원가가 얼마나 될 것 같습니까?"

"내 경험에 비춰봤을 때 야드^{yard}당 45센트 정도 하지 않겠어요?"

고객은 프레드가 자꾸 비행기를 태우자 점점 득의양양해졌다. 사실 이 고객은 가죽에 대해 잘 몰랐다. 그럼에도 체면을 구기고 싶지 않아 전문가마냥 아는 체를 했다.

프레드는 깜짝 놀란 척 흥분하며 고객의 손을 꼭 잡았다.

"와, 정말 가죽에 일가견이 있으십니다! 어떻게 저희 신상품 가격을 정확히 맞히실 수 있죠? 과연 전문가다우시네요!"

고객은 프레드의 칭찬에 우쭐해졌고, 양측은 야드당 45센트에 계약을 맺었다. 프레드는 가격 흥정의 험난한 과정을 거치지도 않은 채 수월하게 대량 주문 계약을 체결했고, 양측 모두 유쾌하고 만족스럽게 협상을 마무리 지었다.

그렇다면 가죽회사 입장에서 손해를 보는 계약은 아니었을까? 당연히 아니었다. 프레드는 이 고객의 약점을 누구보다 잘 알고 있었고, 계속해서 그를 칭찬하고 전문가처럼 떠받들어주면서 흥정 여지를 사전에 차단했다. 사실 회사에서 정한 신제품 가격은 야드당 39센트였다.

협상 혹은 거래를 할 때 상대방이 가격적 부담감에 발목이 잡힐 우려가 있다면 어떻게 해야 할까? 우선 가격을 수면 위에 띄우지 말고, 상대의 주의력을 다른 곳으로 돌릴 포석을 깔아야 한다. 이때 상대를 협상 대상의 전문가로 만드는 것도 하나의 전략이다. 가격에 대한 예측을 상대에게 넘김으로써 협상 성공 가능성을 높일 수 있다.

공정거래법을 지켜라

공정의 원칙은 사회 최하층까지 관철되어야 함을 기억하라.
- 키케로

미국에 도착한 이탈리아 유학생 마티아는 기숙사에 자리가 나지 않아 한 노부인의 집에서 하숙을 했다. 반년이 지난 후, 기숙사에 결원이 생기면서 자리가 났다는 연락이 왔다. 마티아는 곧바로 이사를 나가기로 했다.

이사 날, 마티아는 짐을 정리하면서 습관처럼 라디오를 듣고 있었다. 평소 그녀는 시사 프로그램이나 뉴스를 즐겨 들으며 자신에게 필요한 정보를 얻었다.

"주 정부가 월세를 800달러 이하로 규정했지만 이들은……."

그 순간 짐을 싸던 마티아의 손길이 멈췄다.

"주 정부가 월세를 800달러 이하로 규정했다고?"

잠시 후 마티아는 노부인의 방문을 두드렸다.

"누구세요? 오, 마티아! 짐은 다 쌌나요?"

노부인은 문을 열고 마티아를 향해 예의 자상한 미소를 보여주었다.

"네, 다 되어가요. 그런데 제가 방금 뉴스를 들었는데, 주 정부에서 이 지역 월세를 800달러 이상 받지 못하도록 법으로 정해놨더군요. 혹시 아셨나요?"

노부인은 그 말을 듣는 순간 깜짝 놀라는 듯했지만, 이내 좀 전의 온화한 미소를 되찾으며 대답했다.

"그럴 리 있겠어요? 설마 지금 내가 매달 100달러를 더 받았다고 생각하는 거예요?"

"일단 확인을 좀 해보고 싶어서 여쭙는 거예요."

"그래서 그 돈을 돌려달라는 건가요?"

노부인은 돌연 웃음기를 거두고 온몸을 부들부들 떨며 화를 내기 시작했다.

"말도 안 되는 소리! 마땅히 머물 곳이 없을 때 불쌍해서 거둬줬더니, 이제 와서 은혜를 원수로 갚겠다는 거야? 나 아니었으면 학생은 일찌감치 길에서 얼어죽었어!"

노부인의 말은 마티아가 들은 뉴스의 신뢰도를 더 높여주었다. 하지만 마티아는 같이 흥분하며 따져 묻지 않았다. 도리어 냉철하게 논리적으로 상대의 말문을 막아버렸다.

"갈 곳이 없을 때 도움을 주셔서 정말 감사했습니다. 하지만 제가 들은 정보가 사실이라면 매달 제가 더 낸 100달러는 돌려주셔야 할 것 같네요. 원래 제 돈이니까요. 그러지 못하시겠다면 법적으로 해결할 수밖에요. 그럼 할머니나 저나 상당한 비용을 감수해야 하겠죠. 게다가 할머니께서는 법을 어기셨으니 처벌을 면하기 힘드실 거예요."

궁지에 몰린 노파는 어쩔 수 없이 마티아에게 600달러를 돌려주어야 했다.

마티아는 정부 규정을 근거로 상대를 추궁해 자신이 부당하게 더 낸 월세를 돌려받았다. 공정거래법은 시장가격의 기능과 소비자를 모두 보장하기 위한 제도적 장치이다. 공정의 원칙을 지켜 자신과 타인의 권익을 보호하는 것은 거래 당사자의 의무라 하겠다.

마지노선을 정한다

> 욕심은 흡사 올가미처럼 사람의 마음을 옭아매다 결국 이성을 마비시킨다.
> — 발자크 Honore de Balzac

 미국 뉴욕의 한 호텔이 규모 확장 계획을 세웠다. 그런데 확장 범위 안에 사유 점포가 여럿 포함되어 있어 골칫거리였다.
 예정된 날짜에 공사를 시작하기 위해 호텔은 점포 주인들 회유에 나섰다. 우선 호텔은 다른 금싸라기 땅에 자리 잡은 점포의 시세를 알아보고, 그 가격의 1.5배에 땅을 사겠다고 제안했다. 높은 시세에 팔 수 있는 기회가 오자 이사를 가지 않겠다고 버티던 터줏대감들도 하나둘씩 계약서에 사인을 하고 그곳을 떠났다.
 그런데 유독 한 점포 주인만이 사인을 거부했다. 호텔 경영진이 직접 찾아가 여러 차례 설득하고 인맥까지 총동원해 보았지만 아무 소용이 없었다. 점주는 이 점포에서 장사를 한 지 20년이 넘었고, 풍수지리학적으로 봐도 명당인 땅을 떠나고 싶지 않다고 말했다. 그러나 사실 그가 매매를 거부하는 진짜 이유는 다른 데 있었다.

그렇게 반년의 시간이 흐르고, 시공일이 점점 다가오는데도 문제는 여전히 해결되지 않았다. 호텔 경영진은 더 이상 손쓸 방도가 없자 결국 이사장에게 이 사실을 알렸다.

이튿날, 이사장이 비서와 함께 이 점포를 찾았다. 점포 주인은 그들을 본체만체하며 다리를 꼬고 앉아 거들먹거렸다.

"도대체 몇 번을 말해야 알아듣습니까? 안 팝니다! 목구멍에 칼이 들어와도 이사는 안 갈 거니까 헛수고 말고 돌아가십시오!"

그런데 점포 입구에 서 있던 이사장은 그를 설득하려고 애쓰지 않았다.

"오늘은 선생님을 설득하거나 흥정하려고 온 게 아닙니다. 제 말 잘 들으십시오. 저는 선생님의 이 점포를 개인 명의로 매입할 생각입니다. 호텔보다 더 비싸게 계산해드리죠. 시세의 1.8배로 사겠습니다. 물론 가능한 한 빨리 이사를 나간다는 조건을 달아서 말이죠. 만약 사흘 안에 나갈 수 있다면 이사 비용으로 10만 달러를 더 쳐서 드릴 생각입니다. 생각할 시간을 30초 드릴 테니 그 안에 결정하시면 됩니다. 만약 결정하지 않는다면 이 조건은 무효가 됩니다."

"1, 2, 3······ 28, 29, 30. 이사장님, 시간 됐습니다."

비서가 30초가 끝났음을 알렸다. 오만하게 굴던 점주 얼굴에는 주저하는 기색이 가득했지만, 끝내 입을 꾹 다물었다.

"음, 그럼 가세!"

이사장은 뒤돌아서서 차에 올라타려 했다.

"잠깐! 생각할 시간을 좀 더 주시겠습니까?"

점포 주인은 당황한 듯 자리에서 벌떡 일어나며 물었다.

"미안합니다. 전 이미 결정할 수 있는 30초의 시간을 드렸고, 그 기회는 이미 지나갔습니다. 만약 다시 생각해보시겠다면 사흘 안에 이사를 나간다 해도 이사 비용은 5만 달러밖에 못 드립니다."

 "참 팍팍하게도 구시네. 어쨌든 생각할 시간이 필요합니다."

 "그러시죠. 내일 오후 3시 정각까지 토지 계약서를 들고 내 사무실로 찾아오십시오. 1초 늦을 때마다 배상금 1만 달러가 사라질 겁니다. 그리고 이 일은 우리 세 사람만의 비밀이니 다른 사람한테는 절대 말하시면 안 됩니다!"

호텔 측은 시세보다 높은 가격으로 땅을 매입해 점포 주인들을 내보냈고, 그중 단 한 사람만이 더 많은 보상금을 받을 요량으로 계약서에 사인을 하지 않았다. 호텔 이사장이 그를 찾아갔을 때도 그는 거만한 태도로 흥정을 거부했다. 하지만 그는 이사장이 던진 미끼를 물고 말았고, 자기도 모르는 사이에 협상 주도권을 빼앗겼다. 결국 점주는 자신의 지나친 욕심이 화를 불러 5만 달러를 손해 보는 계약을 하고 말았다. 흥정은 적정한 선에서 멈출 줄 알아야 하고, 이것이다 싶을 때 바로 낚아채는 결단력이 필요하다.

수치와 통계

진실은 외면한다고 해서 사라지는 것이 결코 아
니다.
— 헉슬리Aldous Leonard Huxley

일본에서 '세일즈의 신'이라 불리는 영업사원 하라이치 헤이原一平는 보험 영업 분야에서 누구도 따라올 수 없는 1인자였다.

한번은 그가 대학을 갓 졸업한 젊은이를 상대로 그에게 당장 필요하지도 않은 생명보험을 들게 한 적이 있었다. 그 젊은이는 연봉 3천만 엔의 직장에 다녔고, 아직 결혼 계획도 없고, 누군가를 부양할 의무도 없었다.

"지금 상황에서 당신은 생명보험에 들 필요가 전혀 없군요. 만약 누군가 생명보험 가입을 권한다면 그 사람은 분명 사기꾼일 겁니다. 그런데 한 가지 물어봐도 될까요? 언제쯤 결혼할 계획인가요?"

젊은이는 몇 년 후 결혼할 계획이라고 했다.

"하지만 설사 결혼을 한다 해도 바로 보험이 필요하지는 않아 보이네요. 그때 가서 병에 걸리거나 사고를 당한다 해도 당신 수입이면 충분히 커버가 가능합니다. 더구나 장차 결혼할 부인도 일을 할 테니 먹고사는 데 어려움은 없겠죠. 아마 나이가 젊으니 재혼도 가능할 테고요. 그러니 그때까지도 생명보험이 절실하지는 않겠군요."

뒤이어 젊은이는 결혼하면 아이를 많이 낳고 싶다고 했다. 이 말은 보험왕에게 돌파구가 되어주었다.

"아, 그래요? 부인이 임신을 한다면 그때는 보험을 들어야겠군요. 생명보험을 들 때 최우선으로 고려해야 할 점은 세 가지이죠. 직업 위험도, 건강 상태, 연령입니다. 당신의 경우는 직업도 위험군이 아니고, 신체도 건강해서 굳이 생명보험을 들 필요는 없을 것 같아요. 하지만 몇 년 후의 일은 장담할 수 없죠. 나이가 들면 누구나 신체 변화를 겪게 되니까요. 게다가 연령이 높아지면 보험료도 점점 높아집니다. 한 살이 늘 때마다 보험료가 3퍼센트씩 상승한다고 보면 됩니다."

"하지만 3년 뒤에 든다고 해도 별 차이가 없지 않을까요?"

"계산을 한번 해봅시다. 3년 안에 부인이 임신을 했다고 가정해보죠. 그때 가서 보험에 가입하려고 하면 지금보다 9퍼센트나 많은 보험료를 내야 할 겁니다. 가령 당신의 지금 소득세 세율이 37퍼센트라면 매년 연봉이 12퍼센트 인상되어야 하는 것이죠. 물론 가입 당시 보험료가 높다고 해서 매년 인상 폭이 높은 건 아닙니다. 그럼 수지 타산이 안 맞죠! 어쨌든 3년 일찍 보험에 들면 보험료를 적게 내고도 더 오래 혜택을 누릴 수 있습니다."

하라이치 헤이는 구체적인 수치를 들어 젊은이에게 한 살이라도 젊었을 때 보험에 가입하는 것이 좋다는 것을 알려주었다.

하라이치 헤이는 보험 영업을 할 때, 고객의 입장에서 생각하고 고객을 대신해 그의 근심을 덜어주는 데 남다른 재주가 있었다. 그는 풍부한 데이터를 바탕으로 대학을 갓 졸업한 젊은이에게 왜 한 살이라도 어릴 때 생명보험에 가입해야 하는지를 차근차근 설명했다. 그의 말은 정확한 수치와 통계에서 나온 객관성으로 뒷받침되었다. 논리적 근거가 탄탄하다면 상대를 설득하는 데 드는 시간은 별문제가 아니다.

희소성의 가치

> 총명한 사람은 늘 세상 만물 속에서 깨달음을 얻는다. 그는 모든 사물의 정수를 흡수할 줄 알고, 그것이 그의 재능이 된다.
> — 러스킨John Ruskin

올림픽 개최국은 마스코트와 관광산업으로 이익을 거둘 수 있을 뿐 아니라 올림픽 TV 중계권을 판매할 수 있다.

1980년 모스크바 올림픽이 열리기 전, 역대 TV 중계권 최고 판매가는 미국 방송사가 2,200만 달러에 구입한 몬트리올 올림픽 중계권이었다.

소련은 TV 중계권 최고가를 유지하거나 혹은 상향 조정하는 문제를 두고 해결 방법을 찾기 위해 머리를 쥐어짜야 했다.

1976년 몬트리올 올림픽이 열리는 동안 소련은 구체적인 행동에 착수했다. 그들은 미국 방송사 ABC, NBC, CBS의 고위직 인사들을 세인트루이스 강에 정박 중인 알렉산더 푸시킨 호로 초대해 성대한 파티를 열었다. 소련 측은 그들과 개별적으로 접촉해 4년 후 모스크바 올림픽 TV 중계권의 가격을 제시했다. 소련 측 제시가는 모두의 상상을 초월했다. 기존에서 거의 10배 가까이 뛰어오른 2억 1천만 달러였기 때문이다. 심지어 현찰 거래였다.

얼마 후 소련은 미국 3대 방송사 대표를 모스크바로 초대해 입찰 경쟁을 시켰다. NBC가 7천만 달러, CBS가 7,100만 달러, ABC가 7,300만 달러의 입찰가를 제시했다.

당시 사람들은 이전에 개최된 올림픽에서 무려 8번이나 중계권을 따냈던 ABC의 노련한 경험과 높은 입찰가에 후한 점수를 주고 있었다. 그런데 CBS가 독일 출신의 전문 중개인을 고용하면서 이야기가 달라졌다. CBS는 그의 도움을 받아 소련 측과 거래를 하며 가격을 올렸고, 다양한 양보 조건을 내걸었다.

소련은 더 좋은 조건과 높은 가격을 받아내고 싶은 욕심이 점점 커져갔다. 그래서 그들은 거래가 결렬되었다면서, 몇 달 후 다시 입찰을 받겠다고 선언했다. CBS 집행부는 기분이 상했으나 12월에 있을 막판 대결을 위해 다시 모스크바로 향했다. 의기양양해진 소련 측은 새로운 입찰가를 제시하며, 올림픽 중계권이 뉴욕에 사무소를 둔 SATRA라는 회사에 넘어가게 되었다고 공표했다. 세 방송사 대표는 정체불명의 회사에 대해 조사했고, 이곳이 영세한 업체에 불과하다는 사실을 확인한 후 다시 입찰 경쟁에 뛰어들었다.

마침내 NBC가 8,700만 달러에 올림픽 중계권을 따내게 되었다. 이 금액은 지난 올림픽의 4배였고, 소련이 처음 예상했던 실제 가격보다 2,000만 달러나 많았다.

희소성은 경제학상 가장 중요하고도 기본적인 개념이다. 진귀한 물건일수록 가치가 높고, 그 가격 역시 오르게 되어 있다. 협상을 할 때 경쟁자에게 꼭 필요하지만 없는 그 무언가가 내게 있다면, 그것을 잘 활용할 줄 알아야 한다. 만약 그것이 상대에게 절실하게 필요한 것이라면 과감하게 가격을 높여도 좋다.

약속을 지켜라

이미 정한 약속은 갚지 않은 부채이다.
- 로버트 서비스Robert W. Service

브라질의 한 회사가 설비를 구입하기 위해 미국으로 향했다. 그런데 브라질 측 협상 대표가 미팅 장소로 가던 길에 쇼핑을 하다가 약속 시간에 무려 30분이나 늦고 말았다.

미국 측은 몹시 불쾌해하며 기본적인 예의도 없이 신뢰를 무너뜨렸다고 그들을 질책했다. 또, 다시 이런 일이 생기면 비즈니스 관계조차 끊어버리겠다고 엄포를 놓았다. 브라질 측 대표는 자신들의 실수를 인정하며 혹시 일이 틀어지기라도 할까 봐 무조건 잘못을 시인하고 사과했다.

미국 측이 한바탕 고압적인 태도를 보인 터라 협상 분위기는 시작부터 냉랭했다. 브라질 측은 협상 내내 위축되어 있었고, 미국 측은 시종일관 기고만장했다. 브라질 측은 처음부터 약점을 잡히는 바람에 상대의 그 어떤 요구에도 합리적 사고는커녕 흥정을 벌일 엄두조차 내지 못했다.

협상이 끝날 무렵, 미국 측은 원하던 조건을 거의 충족했고, 브라질 측은 합작 성사라는 최초의 목적만 달성했을 뿐이었다. 뒤늦게 냉정을 되찾은 브라질 측 대표가 불합리한 점을 따지려 해봤지만 이미 너무 늦은 뒤였다.

미국 측은 이 거래에서 상대의 약점을 잡고 협상 시작부터 우위를 점했다. 브라질 측이 당황해하는 사이 그들은 적극적으로 자신의 요구 사항을 밀어붙이며 본래 실현 불가능하다고 예상했던 요구를 현실로 만들어버렸다.

협상에서 주도적인 입장에 서고 싶다면 상대의 약점을 잡아내 단시간에 그를 소극적이고 피동적으로 만들어야 한다. 협상에서 약속을 지키지 않는 것은 그것이 아무리 사소하다 할지라도 매우 큰 약점이 된다. 약속은 서로가 지켜야 할 기본적인 예의임을 잊어서는 안 된다.

12강

'같이'가 '가치'다

진정성의 힘

> 협상에서 솔직하고 진실한 태도를 보여주지 못한다면 양측은 자신의 관점에 근거해 상대를 의심하고 몰아붙이며 서로의 말에 귀를 기울이려 하지 않는다.
> – 하버드 협상연구소

제니퍼는 미국 맨해튼의 한 옷 가게에서 일을 했다. 그녀는 고객의 심리를 정확히 간파해 옷을 추천하는 재능이 있었고, 고객 만족도가 높다 보니 판매 실적도 뛰어올라 늘 판매왕 자리를 놓치지 않았다.

어느 날, 한 젊은 여자 고객이 매장으로 들어와 제니퍼에게 물었다.

"좀 색다른 옷 없나요? 눈에 확 띄고 개성이 넘치는 그런 옷 말이에요. 조금 이따 케네디 센터에 가는데, 사람들이 나를 한 번 보면 잊지 못할 그런 옷을 입고 싶어요."

그런데 제니퍼는 '모두를 경탄하게 할' 그런 옷은 찾을 생각도 하지 않은 채 차분한 목소리로 이렇게 말했다.

"손님, 이 매장에 정말 아름다운 이브닝드레스가 한 벌 있는데 자신감이 부족한 분에게 딱 어울리는 옷입니다."

고객은 그 말에 당황한 듯 얼떨떨한 표정으로 되물었다.

"네? 자신감이 부족한 사람이요?"

"물론입니다. 여자들이 요란한 옷을 입고 남의 시선을 끌려고 하는 이유 중 하나가 부족한 자신감을 감추고 싶어서라고 생각하지 않으시나요?"

고객은 불같이 화를 내며 따졌다.

"뭐라고요? 지금 나한테 자신감이 부족하다고 말하는 건가요? 난 댁이 생각하는 그런 사람이 아니에요!"

격분한 고객을 상대하면서도 제니퍼는 당황하거나 흥분한 기색을 드러내지 않았다.

"그렇다면 손님께서는 왜 사람들이 깜짝 놀랄 만큼 눈에 띄는 옷을 입고 케네디 센터에 가려 하셨나요? 손님께서는 자신의 아름다운 모습으로 사람들의 시선을 끌고 싶지 않으신가요? 제가 보기에 손님은 충분히 개성 있고 매력적인 분이세요. 설마 그런 본연의 아름다움을 요란한 디자인의 옷 따위로 가리려고 하시는 건가요? 물론 손님이 원하시는 대로 유행에 맞춰 개성 넘치는 옷을 찾아드릴 수는 있습니다. 하지만 그 옷을 입고 케네디 센터에 간다면 아마도 사람들은 손님의 아름다움이 아니라 그 옷을 보기 위해 걸음을 멈추지 않을까요?"

이 말을 들은 제니퍼는 고개를 끄덕였다.

"그렇겠죠. 내가 잠시 정신이 어떻게 됐었나 봐요. 왜 굳이 비싼 돈을 들여 다른 사람의 관심을 받고 싶었을까요? 당신 말대로 자신감이 없었다는 말이 맞겠죠. 지금까지 그걸 깨닫지 못하고 있었네요."

제니퍼의 진심은 통했고, 고객은 그녀의 말을 통해 자신의 본모습과

삶을 돌아보는 계기를 얻었다. 그리고 제니퍼는 또 한 명의 고객을 단골 리스트에 올릴 수 있었다.

모든 사람은 감정을 중시한다. 제아무리 냉정한 협상 상대라 할지라도 예외는 없다. 협상가가 가장 기본적으로 갖춰야 할 덕목 중 하나도 바로 진정성이다. 진정성 있게 다가가는 협상일수록 상대의 마음을 움직이기 훨씬 수월해진다. 양측이 진정성을 배제한 채 협상 테이블에서 마주한다면 협상은 각자의 목적에 도달하기 위한 수단에 불과해진다. 따라서 우리는 진심으로 사람을 대하는 법을 먼저 배워야 한다. 강력한 친화력으로 마음의 거리를 좁히고 서로를 존중하면 협상 성공 확률도 훨씬 높아진다.

나누고 나눈다

> 협상의 최종 목적은 바로 양쪽 모두에게 유리한
> 협의를 달성하는 것이다.
> — 바로 Wiene Barro

세일즈맨 겔라는 각종 업체에서 앞다투어 모셔 가려 할 만큼 영업 능력이 뛰어났다. 특히 그는 여러 대형 가죽 신발 제조업체와 인연이 깊었다. 그들은 신제품을 출시할 때마다 늘 그에게 러브콜을 보냈다.

한번은 겔라가 인도네시아의 가죽 신발 제조업체 일을 맡아 밀라노로 출장을 갔다. 이 제소업체 신제품은 품질과 디자인 면에서 패션 도시 밀라노에 당장 내놔도 충분히 경쟁력 있었다. 확신에 찬 겔라는 밀라노에 도착하자마자 현지 판매업자 토니에게 전화를 걸어 곧바로 미팅 장소와 시간을 정했다.

토니 역시 그 분야에서 잔뼈가 굵은 노련한 사업가였다. 그는 협상이 시작되기 무섭게 계속해서 가격 깎기를 시도하며 어떻게든 최대한도로 가격을 낮추려 했다. 물론 겔라도 그의 협상 전략을 훤히 꿰뚫고 있었다. 겔라는 토니가 밀어붙이는 대로 원칙상 합의를 해주며 그의 요구를 충족시켜주었다. 또한 제품 납기일까지 대금을 분할해 지불해도 된다고 먼저 제안했다. 이렇게 겔라는 상대를 우월하게 만들면서 그가 경계심을 풀도록 유도했다.

화물이 모두 도착하고 나자 토니는 자신이 마치 협상의 고수라도 된 양 착각하며 이 사업에서 더 많은 이익을 남길 수 있을 거라 자만했다. 그래서 그는 겔라에게 자금 회전에 문제가 생겨 대금 중 일부만 지불하고 나머지는 나중에 주겠다고 했다. 그러자 겔라의 태도가 전과 사뭇 달라졌다. 그는 무척이나 강경하게 가차 없이 요구를 묵살했다. 뿐만 아니라 계약에 따라 돈을 제때 지불하지 않으면 법적 소송도 불사하겠다는 뜻을 전했다. 토니는 겔라의 반격에 어찌할 바를 모른 채 당황하며 순순히 계약에 따라 일을 처리했다.

모든 거래가 끝난 후, 인도네시아산 가죽 신발은 좋은 품질과 저렴한 가격을 무기로 얼마 지나지 않아 밀라노 시장을 점령했다.

협상 과정에서 상대가 당신을 지나치게 강경하다고 느끼거나, 당신이 당연히 양보를 해줘야 한다고 여길 때가 있다. 이럴 때 당신의 이익을 최대한 끌어 올리려면 부드러운 태도로 상대의 오판을 유도해야 한다. 위의 사례 같은 '분할 납부'도 상대의 경계심을 늦추고 환심을 사는 좋은 양보 방법 중 하나이다.

왼손이 하는 일을
오른손이 알게 하라

> 협상은 합작을 위한 절차이고, 성공적인 협상은
> 모두가 승자가 되는 협상이다.
> – 제라드 니렌버그

하버드 경영대학원 수업에서 교수가 학생들에게 다음과 같은 협상 사례를 들려주었다.

한 세일즈맨이 고객과의 협상을 앞두고 있을 때 사장이 이런 지시를 내렸다.

"협상을 할 때 제품 포장과 가격 조건만큼은 절대 한 치의 양보도 하지 말게. 단, 고객의 다른 요구 사항은 가능한 한 들어주고, 거래가 빨리 성사되도록 해야 하네."

표면적으로 보면 사장의 이런 요구는 너무 가혹하고 거의 불가능한 일처럼 보인다. 그런데 놀랍게도 이 세일즈맨은 사장의 지시대로 협상을 이끌어가며 성공리에 계약을 성사시켰다. 어떻게 가능했을까?

협상 시작은 무척이나 순조로웠다. 하지만 중반에 이르자 고객은 포장과 가격 문제를 거론하며 어느 정도의 혜택과 양보를 요구했다. 세일즈맨은 고객의 말을 끊거나 토를 달지 않고, 끝까지 진지하게 귀담아들었다. 그리고 고객의 말이 끝난 후에야 예의를 갖춰 이렇게 말했다.

"고객님 말씀에 저 역시 대체로 동의합니다. 고객님 입장에서는 합리적이고 타당한 요구라고 생각합니다. 다만 저희 회사 제품은 이윤이 그리 크게 남지 않습니다. 고객님 말씀대로 포장과 가격 면에서 양보를 하게 되면 회사에 막대한 손해가 생기고 맙니다. 고객님 입장에서서 생각하면 조금 전 하신 말씀이 다 맞지만, 저희 입장을 생각하면 그 요구를 들어드리기가 정말 어렵습니다."

그런 후 세일즈맨은 자기 회사 제품이 어떻게 이윤을 창출하는지에 대해 차근차근 설명해나갔다. 그의 분석과 설명이 끝나고 나자 고객의 태도는 조금 전과 확연히 달라져 있었다. 고객은 자신의 요구를 강하게 밀고 나가지 못했지만 그렇다고 완전히 포기한 것도 아니었다. 세일즈맨은 다시 한 번 그를 회유했다.

"저희가 제품 포장과 가격은 이 이상 양보해드리지 못하지만 이것만은 꼭 약속드리겠습니다. 고객님만을 위해, 고객님이 만족하실 때까지 최상의 애프터서비스를 보장해드리겠습니다. 고객님을 VIP로 모시며 앞으로 저희 회사의 제품을 구입하실 때 특별 우대 혜택을 누리게 해드리겠습니다. 제가 고객님께 제공해드릴 혜택의 총가치를 따지면 방금 언급하신 요구 조건에 결코 뒤지지 않습니다. 못 믿으시겠다면 유사 제품에 대한 시장조사를 해보셔도 좋습니다. 아울러 저희 회사 제품의 생산 라인을 둘러보시며 다른 제품과의 차별점을 비교해 보시는 것도 좋은 방법이 될 듯합니다."

세일즈맨이 뚜렷하게 눈에 보이는 양보를 하자 고객은 더 이상 기존 요구 조건을 고집하지 못했다. 고객은 계약서에 사인했고, 그 결과에도 매우 만족했다.

협상에서의 양보는 결국 무언가를 잃거나 손해 보는 것으로 이어진다. 그래서 우리는 상대에게 양보를 하되 자신의 이익에 아무런 피해가 없는 협상 결과를 원한다. 그렇다면 과연 양보를 하면서도 모두를 만족시킬 수 있는 방법이 있을까? 사실 손해를 보지 않는 양보는 별로 어렵지 않다. 그저 또 다른 수단과 방법으로 상대의 만족감을 높이기만 하면 된다. 즉 우리가 별것 아닌 양보를 하고도 그것이 마치 엄청난 양보를 한 것처럼 보이게 연출하면 된다.

공유하라

> 협상의 요지는 협력하는 이기주의이다.
> – 제라드 니렌버그

컴퓨터 부품회사 직원 존은 매일 출근만 하면 어떻게 실적을 올려야 할지 고민에 휩싸였다. 그는 기존 판매 모델대로 제품을 판매해왔지만 실적은 극히 미미했다.

어느 날 그는 고객 중 한 명인 지니 여사와 미팅을 했다. 그동안 그녀와 몇 차례 협상을 벌였지만 최종 가격을 두고 이견을 좁히지 못해 애를 먹고 있었다. 이번 미팅에서 지니 여사는 존에게 새로운 계약 조건을 내걸었다.

"존, 솔직히 말해서 내가 계약을 하고 싶지 않거나 고의로 시간을 지연하려고 이러는 건 절대 아니에요. 하지만 그쪽에서 제시한 가격은 업계 사정을 고려해봤을 때 전혀 낮지 않아요. 만약 당신이 무슨 혜택이라도 준다면 계약이 일사천리로 진행될 것 같지 않나요? 서로 조금씩 양보해야 모두에게 남는 장사가 되지 않겠어요?"

존은 지니 여사의 말을 듣고 난 후 마음속으로 얼른 계산을 했다.

'이 가격은 회사에서 정한 거라 나 역시 빼도 박도 못하는 입장인데……. 하지만 요즘처럼 경쟁이 치열한 세일즈 전쟁에서 시간은 곧 돈이잖아. 이렇게 거래가 자꾸 늦어지면 서로에게 전혀 도움이 되지 않아. 어떻게 해야 좋을까?'

지니 여사가 다시 재촉했다.

"존, 사장님하고 잘 좀 상의해봐요. 우리가 처음 같이 일하는 사이도 아니고, 앞으로 쭉 좋은 파트너로 일하려면 서로에게 도움이 되는 계약을 맺는 게 좋다고 봐요."

존의 생각도 그랬다.

'지니 여사의 말이 맞긴 하지. 합작할 마음이 있는 사람에게 작은 이익이라도 챙겨줘야 하지 않겠어? 협상이 결렬되면 회사의 큰 손실로 이어질 수 있잖아. 참, 그러고 보니 회사 부품 중에 조만간 폐기 처분해야 하는 것들이 쌓여 있지? 남아도는 부품으로 인심 좀 쓰면 최소 손실로 큰 계약 건을 따낼 수 있으니 그야말로 꿩 먹고 알 먹는 격이로군.'

존은 결심을 굳히고 지니 여사에게 말했다.

"여사님 말씀이 맞습니다. 당연히 그래야죠. 마침 저희 회사에서 품질 좋은 그래픽카드를 대량 보유하고 있습니다. 계약만 잘 성사되면 회사와 상의해 100세트를 무료로 드리려고 하는데, 어떠신가요?"

지니 여사는 매우 흡족해하며 대답했다.

"그럼 계약하죠! 요 며칠 계약 건 때문에 이리저리 뛰어다니느라 정말 고생 많았어요. 당신처럼 좋은 사람을 만난 것도 행운이고, 제품의 품질도 아주 맘에 들어요. 우리가 하루 이틀 알고 지낸 사이도 아니고, 아무한테나 계약을 줄 수야 없죠. 당신을 믿고 계약하겠어요!"

"정말 감사합니다!"

존은 허리 숙여 그녀에게 감사의 마음을 전했다.

존은 회사로 돌아간 후 사장에게 보고를 올렸다. 사장 역시 그의 생각과 별반 다르지 않았다. 사실 그 그래픽카드는 유통기한이 얼마 남지 않았고, 따로 판다 해도 좋은 가격을 받기 힘들었다. 이렇게 생색도 내고 큰 계약도 따낸다면 그야말로 일석이조인 셈이었다. 존은 이번 계약 건을 성사시킨 공을 인정받아 격려금과 인센티브를 챙길 수 있었다.

사람은 경쟁 상황에 놓이면 상대와 거리를 유지하게 된다. 양쪽 모두 자신의 힘을 과시하기 위해 자신이 보유한 자료와 실제 상황을 숨기기도 하고, 상대가 자신의 속셈을 알아채고 그것을 약점으로 잡아 공격할까 봐 두려워한다. 하지만 협상에 임하는 모든 사람은 공평과 신뢰의 땅을 단단히 다지고 그 위에 서야 한다. 서로 협력해 문제를 공유하고 해결해나가야 고비를 넘기고 모두에게 이득이 되는 협상을 이룰 수 있다.

갈등을
외면하지 마라

쥐도 궁지에 몰리면 고양이를 문다.
— 격언

미국의 한 프로농구 스타가 좋은 성적을 거두면서 구단과 좀 더 만족스러운 계약을 맺고 싶어졌다. 하지만 구단주의 태도는 강경했고, 몇 시즌이 더 지나도록 협상은 아무런 진전도 없었다.

이 선수는 숫기가 없는 성격이다 보니 산전수전 다 겪은 구단주를 홀로 상대하기가 버거웠다. 더구나 시즌을 앞두고 선수들과 함께 사인한 계약서도 그의 발목을 잡았다. 그 계약서에는 함부로 팀을 이적할 수 없다는 조항이 포함되어 있었기 때문이다. 구단주가 강력한 카드를 손에 들고 매 협상마다 선수를 궁지로 몰아넣자 둘 사이의 갈등은 점점 깊어져갔다.

결국 선수는 스스로 백기를 들고 구단주와의 일대일 면담을 포기해 버렸다. 그 후로 그는 시합에서 제 실력을 발휘하지 못했고, 그의 부진은 팀 전체 성적에도 영향을 미쳤다. 그럼에도 구단주는 전혀 개의치 않아했다.

상황이 점점 악화되자 이 선수의 매니저가 해결책을 하나 알려주었다. 계약서대로라면 선수가 다른 팀으로 이적하는 것은 불가능하지만, 구단이 선수의 경기 불참을 처벌할 수 있는 규정은 계약서 어디에도 없었다.

이 정보는 선수에게 새로운 돌파구가 되어주었다. 그는 원만한 성격과 출중한 외모를 무기로 다른 농구 스타들처럼 연예계로 진출해 자신의 몸값을 높여보기로 했다. 그는 적극적으로 영화제작사와 만나는 등 발 빠르게 연예계 데뷔를 준비했다.

이 소식이 전해지자 구단주도 심리적 압박을 느낀 듯 그 선수를 찾아가 재협상을 진행했다. 이번 협상에서 선수는 원했던 재계약 조건은 물론 더 많은 별도 혜택까지 챙길 수 있었다.

만약 이 구단주가 처음부터 합리적이고 공평한 협상을 했다면 양측이 더 긴밀한 관계를 유지하고, 선수 역시 최상의 컨디션을 유지하며 팀을 위해 큰 공을 세웠을지 모를 일이다. 하지만 그는 선수와의 갈등을 그대로 방치했고, 작은 이익을 탐하다 더 많은 것을 잃는 꼴이 되어버렸다.

작은 이익에 연연하는 협상가들이 저지르기 가장 쉬운 실수는 바로 이미 일어난 갈등 상황을 외면하는 것이다. 갈등이 지속되면 상대의 반감은 극도로 커지고, 이런 상태에서 협상가가 강압적으로 몰아붙이기만 한다면 상대 역시 작은 이익에 연연하며 서로 끊임없이 부딪힐 수밖에 없다. 설사 담판이 무사히 마무리되었다고 해도 한번 깨진 신뢰는 회복하기 힘들다. 이런 관계라면 언제 더 큰 갈등이 폭발할지 장담할 수 없다. 겉으로 보면 이긴 듯 보이지만 사실 진 것과 다를 바 없는 싸움이다.

협상가는 절대적 승자가 되겠다는 생각부터 버려야 한다. 상대를 벼랑 끝으로 몰아넣거나, 갈등을 외면하는 태도는 어리석다. 성공한 협상가가 되고 싶다면 눈앞의 작은 이익에 연연하지 말고 갈등을 해소하기 위해 적극적으로 나서야 하며, 먼 미래의 이익을 내다볼 줄 알아야 한다.

균형점을 찾아라

> 성공적인 협상의 이면에는 반드시 상호 평등을 바탕으로 한 양보가 전제되어 있다. 관건은 양보의 선후 관계이다. 상대의 양보가 명확해지기 전까지 자신은 한 발도 양보하지 않거나, 양보를 전체의 일부로 보지 못한다면 협상 실패 가능성은 높아질 수밖에 없다.
> — 키신저 Henry Alfred Kissinger

1964년 미국 제너럴모터스 General Motors Corporation는 창업 이래 최대 규모의 파업 사태를 맞고 말았다. 당시 파업은 사 측이 노동자의 요구를 전혀 이해하지 못한 데서 기인했다.

사 측은 모든 문제의 본질을 돈이라고 생각하고 있었다. 하지만 일련의 사건들을 통해 그들은 자신들이 크게 착각했음을 깨달았다. 노동자들이 내건 슬로건은 이랬다.

'우리는 돈이 아니라 인간다운 존중을 원한다!'

그들이 발표한 선언문에는 이런 내용이 적혀 있었다.

'제너럴모터스 직원으로 우리는 인간으로서의 기본적인 존엄조차 보장받지 못했다. 우리는 제너럴모터스가 회사의 이윤을 창출하기 위해 하루하루 열심히 일하는 노동자들을 어떻게 대우해야 하는지 알아주

기 바란다!'

그제야 고위층 간부들은 노동자들의 진정한 요구에 귀 기울이기 시작했고, 협상이 재개되었다. 협상에서 사 측은 단순히 임금 인상으로 갈등을 마무리하려 했던 지난 과오를 인정하고, 효과적인 양보안을 제시했다. 그들은 향후 업무 과정에서 인간에 대한 존엄을 바탕으로 처우 개선과 인성화 관리에 힘쓰겠다고 약속했다. 노조 측은 성의 있게 문제 해결에 임해준 사 측의 태도와 양보안에 만족하며 즉각 파업을 중단했다. 그 후 회사는 다시 정상화되었고, 노사 양측의 관계는 그 어느 때보다 돈독해지며 윈-윈의 결과를 얻었다.

비즈니스 세계에서 협상을 이끌어가는 힘은 바로 이익이다. 따라서 협상을 위해 모인 양측은 온갖 방법을 강구해 자신의 이익을 보장하려고 노력한다. 협상이 끝나고 나면 누구나 자신의 이해득실을 가장 먼저 따져보고, 최후의 승자가 누구인지 찾아보려 한다. 이런 이유로 협상은 늘 일촉즉발의 긴장감 속에서 진행된다.

협상가는 협상 과정에서 균형점을 찾아 불필요한 긴장감을 덜어내고 원활한 교류가 이루어지도록 해야 한다. 이 균형점이 바로 윈-윈이다. 가령 협상을 양측 모두에게 이익이 되는 분위기로 끌고 갈 수 있다면 그 협상은 지극히 성공적인 결과물을 얻을 수 있다.

공동의 미래,
공통의 미래

내가 원하지 않는 바를 남에게 행하지 마라.
- 공자

미국 어느 시의 노동부가 외자 투자 기업 10여 곳의 대표를 한자리로 불러, 머지않아 시행될 새로운 노동계약 법안을 설명했다. 회의에 참석한 부시장이 의미심장한 목소리로 대표들에게 말했다.

"여러분도 아시다시피 곧 새로운 노동계약법이 시행될 예정입니다. 그 법의 수많은 조항은 이전보다 더 엄격하고 명확하게 노동 관련 법안들을 규정하고 있습니다. 수정법을 잘 따른다면 지금까지 노동계약법에서 드러났던 허점을 모두 보완할 수 있다고 자신합니다."

이 말을 들은 몇몇 회사 대표들이 여기저기서 자기들끼리 수군거리기 시작했다.

"저게 무슨 말이죠? 보나마나 우리를 탄압하려는 게 분명합니다!"

"그건 아닌 거 같은데요? 시장이 앞장서서 기업을 유치했고, 우리

덕에 경제가 좋아졌는데 설마 토사구팽이야 당하겠어요?"

부시장은 참석자들이 느끼는 우려와 의심을 인식한 듯 얼른 해명했다.

"여러분, 노동부가 수집한 데이터에 따르면 우리 시의 중소기업 중 노동계약에 정식으로 서명한 기업 비율이 20퍼센트를 넘지 않습니다. 일부 서비스 업종의 경우 이 수치는 훨씬 더 낮아집니다. 노동자 권익이 완벽하게 보장받는 것이야말로 미국인들의 관심거리이자 모든 매스컴이 연일 민감하게 다루는 뉴스이기도 합니다."

참석자들은 이 말에 깊이 공감했다. 부시장 말대로 그들은 효율과 이윤을 높이기 위해 노동자와 계약을 체결할 때 이런저런 핑계를 댔다.

부시장의 말이 이어졌다.

"기업의 건강한 발전이 어떻게 사장 혼자의 책임일 수 있겠습니까? 업무를 진행하고, 조직을 관리하고, 제품을 생산하는 등의 일을 하려면 반드시 직원들의 도움이 필요합니다. 모두가 힘을 합쳐야 톱니바퀴가 돌아가듯 회사가 일사불란하게 운영되고, 사장 자리도 든든하게 지탱해줄 수 있겠죠. 노동력은 원가의 일부이고, 우수한 노동력은 부를 창조하는 근본입니다. 여러분이 계약을 체결하지 않고 임금을 떼어먹거나, 보상을 제대로 하지 않고, 직원들의 생활에 무관심하다면 어떻게 될까요? 한번 입장 바꿔 생각해보십시오. 그 어떤 직원도 악덕 고용주와 함께 일하고 싶어하지 않을 것이고, 애사심도 사라질 겁니다. 직원의 사기가 떨어지면 제품 생산 효율이 떨어지고, 결국 품질까지 떨어지니 득보다 실이 더 커지겠죠. 어떻게 생각하십니까?"

부시장이 여기까지 말하고 나자 일부 회사 대표는 내심 당황한 듯 자신을 반성했고, 직원 복지와 권익 보장의 중요성을 다시 생각했다.

모든 협상가는 입장을 바꿔 생각하는 능력을 먼저 키워야 한다. 상대의 수요를 파악한 후 그 사람의 입장에서 문제를 바라봐야 비로소 자신이 제기한 요구 조건을 상대가 받아줄 수 있을지 판단할 수 있다. 특히 상대의 이익과 미래를 지켜주는 것이 결과적으로 자신의 이익과 미래도 보장함을 놓치지 말아야 한다.

13강

당신이 가진
결론에 대한 신념

알면서도 모르는 척

> 착실하게 자신의 일에 열중하는 사람은 늘 말보다 행동이 앞선다. 그들은 놀라운 결과물로 자신의 능력을 증명할 뿐이며, 늘 입이 무겁다.
> – 헤겔

일본의 한 회사가 미국 회사와 거래하기 위해 직원 세 명을 미국으로 보냈다. 이것은 미국 회사에 큰 기회였고, 미국 측은 일본 바이어가 오기 전에 철저한 준비를 마쳤다.

미팅이 시작되자 미국 회사는 각종 자료와 프레젠테이션을 통해 자사 제품을 소개했다. 몇 시간에 걸쳐 설명회가 이어지는 동안 일본 바이어는 시종일관 넋 나간 표정으로 아무 말 없이 앉아 있었다. 미국 회사 대표는 그들의 마음을 사로잡았다고 여기며 자신만만하게 물었다.

"어떻습니까?"

뜻밖에도 일본 바이어는 예의를 갖춰 잘 모르겠다고 말하고 입을 다물었다. 미국 회사 대표는 애써 실망을 감추며 다시 물었다.

"어느 부분이 이해되지 않으시나요?"

그들의 입에서 나온 대답은 '전부 모르겠다'였다.

미국 회사 대표의 얼굴에 서늘한 기운이 감돌았다. 그는 '참을 인' 자를 마음속에 새기며 다시 물었다.

"어느 부분부터 이해가 안 가셨습니까?"

일본 바이어는 영상 자료를 틀었을 때부터 이해를 못했다고 담담하게 말했다. 미팅을 시작할 때만 해도 당당하고 자신감 넘쳤던 미국 대표의 모습은 온데간데없이 사라지고, 허탈감이 그 자리를 대신했다.

"그럼 저희가 어떻게 하면 좋을까요?"

일본 바이어는 대표에게 다시 한 번 처음부터 설명을 해달라고 요청했다. 그러고도 몇 차례, 일본 바이어는 계속해서 잘 이해가 안 된다는 말만을 반복했다. 미국 측은 계약을 성사시키기 위해 그들의 비위를 끝까지 맞춰줘야 했고, 차츰 지쳐가기 시작했다. 그리고 이어진 협상에서 일본은 줄곧 우위를 점한 채 상대의 기를 제압했고, 만족스러운 결과를 안고 귀국할 수 있었다.

일본 바이어는 정말 아무것도 이해하지 못했을까? 물론 아니다. 그들은 자신의 진짜 실력을 숨기는 전략으로 상대의 기를 꺾고 홈그라운드도 아닌 곳에서 값진 승리를 거두었다. 자신의 실력을 숨기는 전략은 상대를 안일하게 만들 수 있을 뿐 아니라 매우 큰 이익을 남겨줄 수도 있다.

'붉은 청어' 만들기

> 사회는 진흙구덩이이다. 그곳에 빠지지 않으려면 높은 곳에 자신을 두어야 한다.
> – 발자크

청어를 소금에 절여 말린 '붉은 청어'는 영국에서 논점을 다른 데로 돌려 본질을 흐리게 할 때 자주 등장하는 단어이다. 그동안 문학작품에서 여우는 사악하고 잔인한 육식동물로 자주 묘사되어왔다. 실제 여우와 문학작품 속 이미지가 뒤섞이면서 사람들은 여우를 적대시하고 잡아 죽여야 하는 대상으로 몰아갔다. 특히 영국에서는 여우 사냥 전통이 이어져 내려오고 있었다. 이 전통은 쉽게 사라지지 않았고, 동물보호단체도 정면 돌파에 한계를 느낄 정도였다.

온갖 방법을 강구하던 그들은 한 가지 묘안을 떠올렸다. 바로 훈제 청어를 이용해 잔인한 사냥 행위를 중단해줄 것을 우회적으로 촉구하는 것이었다. 청어는 소금에 절여 말리고 나면 연어처럼 속살이 붉게 변하면서 특유의 지독한 냄새를 풍겼다. 영국인들은 이 훈제 청어를

'붉은 청어'라고도 불렀다. 평상시 사람들은 여우를 사냥할 때 사냥개를 풀어 개의 후각에 의지해 사냥을 한다. 그런데 훈제 청어를 여우가 다니는 길목에 두면 특유의 지독한 냄새가 여우 몸에서 나는 체취를 가릴 정도로 강해 사냥개의 후각을 마비시켰다. 사냥꾼은 이런 상황에 속수무책으로 당할 때마다 분통을 터뜨렸다.

"저놈들이 또 내 사냥개를 멍청이로 만들어버렸어!"

동물보호단체 회원들은 이 장면을 몰래 지켜보며 쾌재를 불렀다. 그렇게 '붉은 청어'는 여우를 보호할 기막힌 해결책이 되었고, 지금까지도 동물 애호가들이 즐겨 사용하고 있다.

때로는 본질을 흐림으로써 상대를 속이는 위기 탈출법이 효과적인 협상 전략이 되기도 한다. 하지만 자신 역시 이런 유인책의 대상이 될 수 있음을 늘 염두에 두어야 한다. 어느 순간 핵심을 놓치고 방황하는 경우가 있는데, 그때가 바로 '붉은 청어'의 냄새에 우리의 후각이 마비되는 순간이다.

빨리, 빨리, 빨리

> 당신은 지체할 수도 있지만 시간은 그러지 않을 것이다.
> – 벤저민 프랭클린

대량의 중고차를 할인 판매한다는 소식이 전 세계에 퍼졌다. 하지만 소문만 무성할 뿐 자동차 모델, 판매 장소, 판매 수량, 가격 등 구체적인 내용에 대해서는 누구도 아는 바가 없었다. 이때 한 회사가 이 반쪽짜리 정보를 그냥 흘려듣지 않고, 실마리를 찾기 위해 발 빠르게 추적 조사에 돌입했다.

며칠 후, 이 회사 이사장 책상 위에 보고서 하나가 놓였다. 남아메리카 칠레에 있는 구리 광산회사 도산 관련 보고서였다. 광산 소유주는 채무를 상환하지 못해 그전에 예약 주문했던 독일 벤츠 등 각종 모델의 트레일러와 덤프트럭을 싸게 경매하기로 결정했다. 차량은 총 1,500대이고, 모두 새 차였다.

말로만 떠돌던 소문의 실체가 밝혀지는 순간이었다. 홍콩, 칠레 주변국 심지어 전 세계 경쟁자들이 이 정보를 알게 되는 순간 눈에 불을 켜고 덤빌 것이 분명했다. 이사장은 경쟁자들이 몰려들기 전에 행동을 개시했다. 그는 최대한 빨리 상대와 거래를 성사시키기 위해 현장으로 구매팀을 급파하고, 그들에게 전권을 내주었다.

구매팀은 자동차 기술 전문가들로 구성되었다. 그들은 칠레에 도착하자마자 해당 광산회사를 찾아 나섰고, 1,500대의 신형 트레일러와 덤프트럭을 한 대 한 대 꼼꼼히 검사한 후 품질에 전혀 문제가 없다는 확인을 마쳤다.

본격적인 협상이 시작되고, 한차례 흥정이 오간 후 광산 소유주는 7톤~30톤의 자동차를 실을 수 있는 트레일러와 덤프트럭을 원가보다 38퍼센트 싸게 파는 데 동의했다.

좀처럼 얻기 힘든 좋은 기회가 왔다면 반드시 다른 사람보다 빨리 선점해야 한다. 비즈니스는 시간을 다투는 전쟁이고, 이길 수 있는 기회는 조금만 늦어도 순식간에 사라져버린다. 분초를 다투는 바로 그 이면에 이해득실이 숨어 있으므로, 기회가 오면 과감하고 즉각적으로 반응해야 한다. 이것이 바로 협상 고수의 필수 능력 중 하나이다.

파트너는 상극으로 골라라

아무도 나와 똑같이 닮을 수는 없다. 심지어 어떤 때는 나도 나와 닮기 힘들 때가 있다.
- 탈룰라 뱅크헤드 Tallulah Bankhead

미국의 대부호 하워드 휴즈 Howard R. Hughes의 대변인 이야기이다. 하워드 휴즈는 비행기를 대량으로 구입할 계획을 세우고 모 비행기 제조업체 대표를 찾아가 직접 협상을 벌였다. 그런데 이 괴팍한 성격의 대부호는 처음부터 무려 34항에 달하는 무리한 요구를 불도저처럼 밀어붙이며 한 치의 양보도 허용하지 않았다. 시간이 흐를수록 양측은 서로 얼굴을 붉히며 언성을 높였고, 팽팽한 접전은 쉽게 해결될 기미를 보이지 않았다. 결국 하워드 휴즈는 자신의 대리인에게 협상을 맡기고 뒤로 물러섰다.

그런데 놀랍게도 대리인이 투입된 순간부터 협상이 순조롭게 풀리더니, 어느새 합의에 이르렀다. 게다가 대변인은 요구 조항 34개 중 30개를 성사시켰고, 그 30개에는 반드시 관철시켜야 하는 11개 항목도 모두 포함되어 있었다. 하워드 휴즈는 결과에 매우 만족해하며 대변인에게 그 비결을 물어보았다.

"별거 없습니다. 이견이 좁혀지지 않을 때마다 그 사람에게 물었죠. 이 문제를 나와 해결하기를 원하느냐, 아니면 하워드 휴즈와 직접 이야기하길 원하느냐고요. 그랬더니 바로 제 요구를 들어주더군요."

확연히 다른 성격과 태도를 지닌 두 사람을 연이어 상대하게 되면, 성격이 강하고 고압적인 사람보다 상대적으로 말하기 쉽고 부드러운 사람에게 마음이 기운다. 심리적으로 이런 차이를 느끼면 상대는 전자보다 후자의 요구를 더 쉽게 받아들인다. 하지만 전자든 후자든 두 사람은 같은 편이고, 그들의 목적은 상대 손에서 자기가 원하는 것을 빼앗는 것뿐임을 잊지 말아야 한다.

혁신은 정확한 질문에서 시작된다

문제를 해결하는 것보다 발견하는 것이 더 중요하다.
— 포이어 George Pólya

자동차 보급률이 날로 높아지는 시대가 오자 많은 오토바이업체 사업은 점점 하락세를 타기 시작했다. 한 독일 오토바이업체는 궁여지책으로 거액의 자금을 쏟아부어 광고 여러 편을 내보냈지만 여전히 판매량은 오르지 않았다. 이 회사 대표는 부진의 이유를 찾지 못한 채 결국 미국의 한 전문가에게 판매량을 높일 수 있는 묘책을 알려달라고 부탁했다.

전문가는 독일에 도착하자마자 현지 시장조사에 착수했고, 오래지 않아 문제의 본질을 찾아낼 수 있었다. 지금까지 이 회사는 '내구성이 뛰어난 오토바이'라는 점을 강조하며 품질을 마케팅의 핵심으로 삼았다. 하지만 이런 마케팅 전략은 자동차 구입이 보편화된 사회적 추세와 역행했다. 자동차가 아닌 오토바이를 선택하라고 하는 시대착오적 광고가 어떻게 소비자의 마음을 움직일 수 있겠는가?

이어 전문가는 소비자 심리에 대해 상세한 조사와 분석을 진행했다. 그 결과 또한 자신이 처음 발견한 문제점과 일치했다. 적잖은 고객이 한물간 오토바이보다는 자동차 구매를 계획하고 있었다. 오토바이가 아무리 내구성이 뛰어나다고 한들 자동차의 매력에 비할 바가 아니라는 생각이 지배적이었다.

이 전문가는 문제점을 발견한 후 최고의 대응책을 생각해냈다. 바로 오토바이에 자동차 경적을 장착하는 것이었다. 독일 오토바이업체 사장은 그의 아이디어를 듣는 순간 머리를 갸우뚱거렸다. 오토바이에 경적을 단다고 해서 상황이 달라질 것 같지는 않았기 때문이다. 하지만 이왕 궁지에 몰린 마당에 한번 해보자는 심산으로 전문가의 제안을 받아들였다. 그런데 경적이 달린 오토바이가 출시되고 나자 의외로 많은 소비자가 흥미를 보였고, 오토바이 판매율도 뛰어올랐다. 심지어 이 업체에서 생산한 오토바이 판매량이 자동차를 추월하기까지 했다.

시대가 변하면서 우위를 점하던 업종이 하락세를 보이는 경우가 허다하다. 이런 상황이 닥치면 문제의 근원을 찾아내고 혁신적인 아이디어로 새로운 도약의 기회를 마련해야 한다. 예를 들어 산악자전거는 오토바이의 원리를 개조해 만들어졌고, 기존 자전거에 점차 흥미를 잃어가던 소비자의 구매욕에 불을 댕겼다.

냉정해지면 보이는 것들

> 모든 문제에는 해결책이 있다. 그래도 아무런
> 방도가 없어 절망 중이라면 자신의 어리석음과
> 무능함을 먼저 원망하라.
> — 에디슨 Thomas Edison

미국의 한 세일즈맨이 엔지니어들을 한자리에 모아놓고 컴퓨터 프린터 영업을 했다. 이 프린터 가격은 대당 1만 2천 달러로 상당히 비싼 편에 속했다. 세일즈맨이 제품 소개를 했지만 엔지니어들의 반응은 썰렁했다. 그들은 관심 없다는 듯 차가운 반응으로 일관하며 그의 열정에 찬물을 끼얹었다. 다행히 이 영리한 세일즈맨은 금세 냉정을 되찾고 침착하게 대처 방법을 생각했다. 그는 이런 반응의 원인이 높은 가격이라는 것을 잘 알고 있었다. 하지만 프린터 자체의 원가가 높다 보니 가격을 낮추는 것도 쉽지 않았다. 그는 가격 대신 품질로 고객을 설득해보기로 결심했다.

그는 일부러 프린터를 힘껏 내리치고, 바닥에 던지고, 발로 차 충격을 주기까지 했다. 하지만 프린터는 그 어떤 충격에도 작동을 멈추지 않았다. 과연 1만 2천 달러의 값어치를 하는 프린터라고 말할 만했다. 엔지니어들은 걱정스러운 듯 프린터를 이리저리 살펴보며 어디 깨진 곳은 없는지 찾았다. 그때 한 엔지니어가 속삭이듯 말하는 소리가 들렸다.

"이봐, 이 정도면 꽤 괜찮은데?"

잠시 침묵이 흐르고, 그곳에 있던 엔지니어들은 모두 이 특급 내구성을 자랑하는 프린터에 마음을 빼앗겨버렸다. 그들은 이 프린터의 가치를 인정했고, 흔쾌히 주문서에 서명했다.

협상이 생각대로 풀리지 않으면 대부분의 사람들은 심리적으로 위축되어 어떻게 해야 할지 갈피를 잡지 못한다. 하지만 이럴 때일수록 위의 세일즈맨처럼 침착하고 냉정하게 상황을 바라보아야 새로운 길을 찾을 수 있다.

이길 수 있다는 믿음

> 가능하든 불가능하든 모든 것이 당신의 말에 달려 있다.
> — 포드Henry Ford 1세

프랑스 생수는 세계 생수 판매량 순위에서 줄곧 1위 자리를 고수해왔다. 그중 '페리에Perrier'는 '생수계의 샴페인'이라는 별칭을 얻기도 했다. 미국은 맹렬한 속도로 시장을 점유해가는 프랑스 생수, 특히 '페리에'를 대상으로 장기간 안정성 검사를 실시했다. 미국 FDA식품의약국는 이 제품에서 화학 성분 '벤젠'이 규정보다 2~3퍼센트 높게 검출되었고, 장기간 음용하면 암을 유발할 수 있다고 발표했다. 이 소식이 전해지자 페리에의 주가는 16.5퍼센트 하락했다.

페리에 측은 즉각 제품의 전량 회수와 폐기 처분을 약속했다. 이 결정은 전 세계에 센세이션을 불러일으켰다. 프랑스 정부도 나서서 이들을 적극 지지했고, 발표 당일 주식 시세도 2.5퍼센트 회복됐다.

회사의 대처는 발 빠르게 이어졌다. 그들은 벤젠 과다 검출 원인이 수원水源이 아니라 기술 문제에 있다고, 즉 여과 장치를 제때 교환하지 않았기 때문이라고 발표했다. 소비자들의 신뢰도 빠르게 회복되었다. 장기간 페리에를 습관처럼 마시던 프랑스 소비자들 사이에서 다시 사재기 열풍이 일어났다. 미국도 소비자의 84퍼센트가 여전히 이 제품에 충성심을 보였다. 페리에는 신뢰를 어느 정도 회복하자 시장점유율을 공고히 하기 위해 대대적인 홍보전에 들어갔다. '신제품'이라는 라벨을 붙이고 시장에 출격했고, 파리의 신문과 잡지에도 신제품 페리에 광고를 실었다. 시장 출시 첫날, 뉴욕 주재 프랑스 총영사관은 페리에 재출시 기념 기자회견을 열었다. 다음 날에는 미국 페리에 사 사장이 고개를 젖히고 페리에를 시원하게 마시는 사진이 실렸다.

페리에는 TV광고도 내보냈다. 초록색 작은 병이 화면 중앙에 나오고, 병 입구에서 물 한 방울이 한 줄기 눈물처럼 병을 타고 흘러내린다. 그리고 '페리에'라고 부르는 목소리가 들려온다. 그 목소리는 마치 억울한 누명을 쓴 연약한 여자아이가 흐느껴 울고 있을 때, 아버지가 자상하게 다독이며 이렇게 말하는 듯한 느낌을 주었다.

"우리는 여전히 널 사랑한단다."

상대가 힘들게 쌓아 올린 명예와 자존심을 짓밟는다 해도 자신에 대한 믿음마저 잃어서는 안 된다. 실력으로 진실을 밝히고, 믿음으로 거짓과 싸워나가는 것만이 오점을 지워내는 길이다.

14강

더 큰 그림을
그리는 습관

능력보다 지구력

> 성공하고 싶을 때 능력보다 중요한 것이 바로 지구력이다.
> — 새뮤얼 존슨 Samuel Johnson

영국 드라마 〈셜록Sherlock〉이 세계적으로 인기를 끌고 있다. 주인공 셜록은 소설 속 홈스의 전형적인 탐정 이미지를 잘 살려냈다. 파이프를 물고, 귀신처럼 사건을 추리하는 영국 탐정의 이미지는 100년이 지나도록 여전히 사람들 마음속에서 살아 숨 쉬고 있다. 이 모든 것이 《셜록 홈스》 시리즈 저자 아서 코난 도일Arthur Conan Doyle의 공이다. 일본 만화가 아오야마 고쇼青山剛昌는 만화 〈명탐정 코난〉을 창작해 그에게 경의를 표하기도 했다. 그러나 사람들에게 잊힌 또 다른 공헌자가 있었으니, 그가 바로 코난 도일의 출판 대행사 사장 메이스이다.

《셜록 홈스 사건집》은 〈스트랜드 매거진The Strand Magazine〉에 실리고 난 후 전 세계 독자들의 사랑을 받았다. 그런데 한창 작품의 인기가 치솟을 무렵 코난 도일은 돌연 홈스 시리즈의 절필을 선언했다. 그는 시리즈의 네 번째 권에서 셜록 홈스와 범인 모리어티^Moriarty 교수를 계곡 아래로 떨어뜨려놓고 작품을 마무리했다. 코난 도일의 출판 대행사 사장 메이스는 그의 고집스러운 성격을 누구보다 잘 알았기에 우선 도일의 뜻을 존중했다. 그러나 메이스는 코난 도일이 왜 절필을 했는지 그 이유를 누구보다 잘 알고 있었다. 그는 통속적인 글쓰기에 염증을 느끼고 있었다. 하지만 한편으로는 자신에게 엄청난 부와 명예를 안겨준 고전적인 탐정 이미지의 셜록 홈스에게 남다른 애착도 있었다. 그래서 메이스는 출판 대행권을 끝까지 손에서 놓지 않았고, 수시로 코난 도일에게 셜록 홈스 팬들이 전하는 아쉬움과 간절한 기다림을 전달했다. 또한 한 편당 1천 파운드의 엄청난 원고료도 약속했다.

온갖 수단과 방법을 동원해 끊임없이 그를 어르고 달래며 설득한 지 1년 만에 드디어 승리의 여신이 메이스의 손을 잡아주었다. 코난 도일은 절벽 아래로 떨어졌던 셜록 홈스를 살려내 다시 독자 앞에 선보였다. 당연히 메이스도 거액을 거머쥘 수 있었다.

만약 메이스가 돈에 눈이 어두워 코난 도일을 몰아붙이기만 했다면 어떻게 되었을까? 아마도 우리가 지금 보고 있는 《셜록 홈스》 시리즈는 고작 4권으로 운명을 다했을 것이다. 이처럼 협상에서 지구력은 원하는 목표에 도달하는 지름길이다.

적의 눈을 가려라

> 살아가면서 가장 피곤한 일은 위선의 상태로 있는 것임을 나는 알았다.
> — 린드버그 Anne Morrow Lindbergh

1892년 어느 날, 독일 군관 한 무리와 베를린에 주둔 중인 일본 군관 후쿠시마 야스마사福島安正가 술자리를 가졌다. 분위기가 무르익었을 때, 후쿠시마는 취기가 오른 듯 입에서 나오는 대로 흰소리를 했다.

"나는 말을 타고 베를린에서 블라디보스토크까지 갈 수 있소!"

그곳에 있던 사람들은 모두 그가 취해서 하는 헛소리라고 치부했다. 베를린에서 블라디보스토크까지 가는 길은 유라시아 대륙을 횡단해야 하는 멀고도 험한 여정이었다. 날씨 또한 예측할 수 없을 만큼 변덕이 심해 말 한 필에 의지해 갈 수 있는 그런 곳이 결코 아니었다. 더구나 그의 말은 피골이 상접할 만큼 마르고 늙어 긴 여행이 불가능했다. 하지만 후쿠시마가 계속 큰소리를 치자 다른 이들도 내친김에 장난삼아 내기를 제안했다. 후쿠시마는 혀가 꼬인 말투로 객기를 부렸다.

"합시다! 못 할 것도 없지요! 1만 마르크를 겁시다."

그 말을 들은 독일 군관들도 하나둘씩 내기에 동참했다. 그들은 후쿠시마가 당연히 실패하리라고 확신했다.

일본과 독일 양국 군관들이 유라시아 대륙 횡단을 걸고 내기를 했다는 소문은 순식간에 퍼져나갔고, 각국 신문사들은 앞다투어 이 일을 보도했다. 수천수만 명의 이목이 집중되고, 독일과 러시아 정부도 큰 관심을 보이며 후쿠시마에게 도움을 아끼지 않았다.

그렇게 모두가 지켜보는 가운데 후쿠시마는 그의 말과 함께 긴 여행을 시작했다. 그는 독일 시민들의 열렬한 환영을 받으며 빠른 속도로 이동해 독일과 러시아 국경 지대에 도착했다. 후쿠시마의 여정 대부분이 러시아 땅에서 이루어질 예정이었기 때문에 내기의 승패는 그곳에서 갈린다 해도 과언이 아니었다. 호기심과 허영심에 가득 찬 사람들이 그가 지나갈 것으로 예상되는 곳까지 나와 그를 기다렸다. 그들은 이 일본 '탐험가'를 반갑게 맞아주고, 자신이 사는 마을로 데려가 극진히 대접했다. 게다가 후쿠시마는 러시아어에도 능통해, 각계각층 인사들과 자연스럽게 교류했고, 그곳 상황을 이해하는 데 한층 도움을 받았다.

이렇게 1년 3개월이 흐르고, 후쿠시마는 목표를 달성하며 마침내 내기에서 승리했다.

그런데 이 내기의 진정한 승자는 사실 일본이었다. 후쿠시마가 유라시아 대륙을 횡단하며 수집한 독일과 러시아 양국에 관한 방대한 자료와 정보가 비밀리에 일본으로 전달되고 있었던 것이다.

그렇다. 놀랍게도 이 모든 것은 치밀하게 계획된 일본의 첩보 작전이었다.

술에 취한 군관의 내기를 첩보 작전과 연결시킨 사람은 아무도 없었다. 이처럼 협상은 수단과 방법을 가리지 않고 적의 눈을 가리고, 그 허점을 이용해 공격을 가하는 전쟁이자 심리 게임이다. 흡사 바둑을 두듯 한 수 한 수 치밀하게 진을 치고 방어를 해야 한다.

막히면 돌아가라

> 모든 것을 깨부수고, 무시하고, 하고 싶은 대로
> 맘껏 파괴해버려. 그것이 바로 진리요, 삶이야.
> — 빅토르 위고 Victor Marie Hugo

1985년 FBI 요원은 UN 대표단으로 미국에서 일하던 소련 심리학자를 체포했다. 그는 뉴욕 지하철역에서 한 스파이에게 현금을 주고 기밀문서를 건네받다가 현장에서 붙잡혔다.

비슷한 시기 소련은 모스크바 주재원으로 있던 〈US 뉴스 앤드 월드 리포트 US News and World Report〉 기자 니콜러스를 체포했다. 사실 소련은 이미 9개월 전부터 이 미국인 기자의 행적에 주목했고, 비밀리에 뒷조사를 진행하고 있었다.

소련 정부가 니콜러스와 심리학자를 맞교환하자고 제안했지만 레이건 Ronald Reagan 대통령은 단호하게 거절 의사를 밝혔다. 하지만 이 협상의 결렬이 머지않아 시작될 무기 통제 정상회담에까지 영향을 미치면서 이 인질 교환 건은 양국의 뜨거운 감자로 떠올랐다.

사실 따지고 보면 기자 한 명 때문에 두 나라가 쓸데없이 팽팽한 신경전을 벌이게 된 셈이기도 했다. 양국은 눈앞의 이익을 위해 끝없이 논쟁을 벌였고, 세계 평화마저 위협받게 만들었다. 하지만 레이건 대통령의 입장은 상당히 강경했다. 그는 기자 한 명을 구하겠다고 안보에 위협이 될 스파이를 내어줄 마음이 전혀 없었다.

이때 세계평화주의자이자 옥시덴틀 석유회사Occidental Petroleum Corporation 회장 아먼드 해머Armand Hammer가 나서서 교착 국면을 깰 수 있는 묘책을 내놓았다. 그는 소련에서 수년간 사업을 한 덕에 소련인의 일처리 방식을 누구보다 잘 알았다. 그는 다른 대안을 찾아 경색된 두 나라 관계를 회복해야 소련이 더 큰 양보를 하리라고 판단했다. 그래서 그는 소련 측에 유명한 무기상과 그의 부인을 석방해줄 것을 제안했다. 이렇게 스파이 대 스파이로 맞교환이 진행되자 레이건 대통령도 결국 양보하며 조건을 받아들였다. 양측은 각자 만족스러운 결과를 얻었고, 아먼드는 세계 평화에 큰 공을 세운 셈이 되었다.

일반적으로 볼 때 협상은 하나의 문제에만 초점을 맞추면 안 된다. 그러다 보면 협상은 서로의 입장 차이만 확인하는 장이 되고 만다. 이럴 때는 다른 방법을 찾아 새로운 국면을 열어야 한다. 가능성 있는 모든 요소를 종합해 서로 만족할 수 있는 길을 찾아가는 융통성이 필요하다.

연결 고리가 있는가

과거의 잘못을 잊고 모든 것을 새로 시작하라.
— 몰츠 Albert Maltz

  1939년 여름이 시작될 무렵, 나치 독일은 우라늄 설비를 개발하기 위해 원자력 분야 과학자들을 모아 수차례 회의를 열었다. 만약 독일군이 핵무기 개발에 성공한다면 유럽뿐 아니라 전 세계에 큰 재앙이 아닐 수 없었다. 이 때문에 아인슈타인 등 진보적인 과학자들은 미국 경제학자이자 루스벨트 대통령의 개인 고문인 알렉산더 색스 Alexander Sachs 를 통해 루스벨트를 설득하고자 했다. 그들의 목적은 원자력 연구를 하루라도 앞당기는 것이었다.

  1937년 10월 11일, 알렉산더 색스는 백악관에서 루스벨트를 만났다. 그는 아인슈타인의 편지를 직접 건넸고, 핵분열에 관한 과학자들의 논문을 거론하며 루스벨트를 설득해나갔다. 하지만 루스벨트는 과학 논문의 딱딱하고 심오한 이론 따위에 별다른 흥미를 느끼지 못했다.

"당신이 왜 나를 만나자고 했는지 압니다. 과학자들의 주장도 일리가 있어요. 하지만 난 그 일이 시기상조라고 봅니다."

루스벨트는 색스의 제안을 단칼에 거절하고 못내 미안했는지, 이튿날 그를 초대해 조찬을 함께했다. 색스는 이 기회를 이용해 다시 한 번 루스벨트를 설득해볼 심산이었다. 그러나 루스벨트가 먼저 그의 말문을 막아버렸다.

"오늘은 기분 좋은 식사 자리인 만큼 아인슈타인의 편지 이야기는 꺼내지 말기로 합시다."

색스는 루스벨트가 역사 지식이 매우 박식하다는 사실을 떠올리고 얼른 화제를 돌렸다.

"알겠습니다. 그럼 역사 이야기는 어떠신가요?"

"좋아요, 어디 한번 들어봅시다."

"영국과 프랑스 사이에 전쟁이 벌어졌을 때 이런 일이 있었습니다. 유럽에서 승승장구하던 나폴레옹은 유독 해전에서만 고전을 면치 못했습니다. 이때 미국의 젊은 발명가 로버트 풀턴Robert Fulton이 나서서 프랑스 전함에 있는 돛대를 잘라버리고, 증기기관을 설치한 뒤에 배의 표면을 나무판자가 아닌 강판으로 바꾸자고 제안했습니다. 그것은 나폴레옹의 머릿속에 존재하던 배의 모습과는 너무나 차이가 컸죠. 그는 배에 돛이 없으면 앞으로 나아갈 수 없고, 목선을 철선으로 바꾸면 배가 침몰할 거라고 생각했습니다. 나폴레옹이 보기에 풀턴은 그저 미치광이 과학자에 지나지 않았습니다. 하지만 훗날 역사학자들은 나폴레옹이 풀턴의 제안을 수락했다면 19세기 역사가 바뀌었을 거라고 했죠."

색스는 말을 마친 후 깊은 생각에 잠긴 듯한 루스벨트를 조용히 바라보았다. 몇 분의 침묵이 흐른 후 루스벨트는 나폴레옹 시대에 만들어진 브랜디를 술잔에 가득 채워 색스에게 건네며 이렇게 말했다.

"당신이 이겼습니다."

그 후 미국은 곧바로 원자폭탄 개발에 돌입했다.

협상 주제를 거부당하면 그 주제의 또 다른 연결 고리가 될 수 있는 화젯거리로 제때 전환하는 요령이 필요하다. 물론 이 화제는 상대가 흥미를 느끼고 가볍게 받아들일 수 있는 것이어야 한다. 이런 임기응변과 순발력은 폭넓은 지식과 더불어 상대의 관심사에 대한 정확한 정보 수집이 전제되어야 한다.

언제나 백기를 쥐고 있어라

> 진짜 똑똑한 사람은 협상을 할 때 저자세를 취하고, 상대의 질문에 아무것도 모르는 것처럼 행동하거나 교묘하게 대답을 회피한다.
> – 데일 카네기

미국 무역회사와 일본 무역회사가 대규모 거래를 위해 협상에 돌입했다. 미국 측 대표는 이 계약을 성사시키기 위해 시작부터 적극적인 공세를 펼치며 하나라도 더 설명하느라 여념이 없었다. 반면 일본 측 대표는 펜을 들고 그들이 하는 말을 하나라도 놓칠 새라 정신없이 적어 내려갔다. 한참이 지난 후 일본 측은 휴회를 요청했고, 첫 번째 협상은 그렇게 마무리되었다.

6주 후, 일본 측은 다른 부서에서 몇 사람을 미국으로 보내 2차 협상을 진행했다. 이번 일본 측 대표는 앞서 진행되었던 협상 내용에 대해 아는 바가 전혀 없었다. 어쩔 수 없이 협상은 처음부터 다시 시작되었다. 미국 측 대표는 지난번에 했던 말을 반복하며 여전히 쉴 새 없이 혼자 떠들었다. 일본 측 대표는 역시나 한마디도 하지 않은 채 묵묵히 메모만 하고 있었다. 그 후 진행된 3차, 4차, 5차 협상도 똑같은 패턴의 반복이었다.

2년이 지나도록 일본 측은 아무 반응이 없었고, 미국 측은 그들의 무성의한 태도에 점점 지쳐갔다. 그러던 어느 날, 일본 무역회사 협상팀이 갑자기 들이닥쳐 이전과 달리 불도저처럼 계약을 추진하기 시작했다. 하지만 미국 측은 아무런 준비도 없이 무방비 상태였고, 2년간의 원가 변동률을 감안해 단시간에 계약 조건을 만들어낼 여력도 없었다. 순식간에 주객이 전도되었고, 철저하게 준비를 마치고 온 일본 측은 우세한 입장에서 협상을 이끌어갔다.

그동안 일본은 여러 차례 협상에서 '무반응'을 가장해 계약을 거의 포기하는 것처럼 연기를 해왔다. 그리고 미국이 더 이상 협상에 신경을 쓰지 않을 때쯤 돌연 공세를 퍼부어 이익을 최대로 끌어 올린 다음 계약을 마쳤다.

비즈니스나 정치는 본래 상대의 허점을 찌르고 실리를 얻는 '허허실실虛虛實實'의 전형을 보여주는 곳이다. 협상가는 마치 포기하는 척 상대를 속이며 그의 사고를 마비시킬 줄도 알아야 한다. 협상은 바로 정보를 분석하고, 시간을 다루고, 힘을 배치하고, 지혜를 겨루는 전쟁터이다. 협상가는 '허허실실' 병법을 잘 사용해야 이 전쟁터에서 백전백승을 거둘 수 있다.

'타임'을 외칠 타이밍

> 우리는 어떤 일이나 목표를 이루기 위해 연못 속 개구리처럼 하루 종일 울기만 하며 시간을 소모해서는 안 된다. 꿈이 있다면 적극적으로 나서서 그것을 쟁취해야 한다.
> – 격언

비즈니스 협상에서 뛰어난 실력과 조건을 갖춘 B는 A의 예상을 깨고 먼저 자신의 히든카드를 내보이며 기선 제압에 나섰다. 이 까다로운 조건의 히든카드를 내놓은 B는 기세등등하게 A를 몰아붙였다. A는 사전에 아무런 대응책도 마련하지 못한 채 벼랑 끝으로 내몰리고 말았다. 그들은 상대가 제시한 조건이 자신들에게 예상했던 이익을 가져다줄 수 있을지 제대로 판단할 여력조차 없었다. 협상은 팽팽하게 맞서며 평행선을 긋고 있었다.

이때 A 측 한 대표가 현장의 답답한 침묵을 참다못해 창문 밖으로 시선을 돌렸다. 무심코 창밖을 보던 그의 시선 너머로 통화 중인 한 여성의 모습이 보였다. 그 순간 한 가지 생각이 불현듯 그의 뇌리를 스쳐 지나갔다. 그는 곧이어 벽에 걸린 시계를 자꾸 힐긋거리며 불안한 모습을 보였고, 잠시 후 더는 안 되겠다는 표정으로 자리에서 일어나 모두에게 정중히 양해를 구했다.

"정말 죄송합니다. 업무상 중요한 전화를 하기로 약속을 해서, 잠시 전화 한 통화만 하고 오겠습니다."

그는 회의실 밖으로 나가 아무에게나 전화를 건 후 마치 흥정이라도 하는 듯 종이에 무언가를 열심히 적으며 통화를 했다. 3분 후, 그는 다시 회의 테이블로 돌아와 B 측 대표에게 정중하게 입장을 밝혔다.

"저희는 귀사의 조건을 받아들일 수 없습니다."

사실 그는 좀 전에 전화를 하는 척하면서 생각할 시간을 벌었고, 종이에 이런저런 수치를 적어가며 이익 여부를 따져보았다. 그렇게 생각을 정리하다 보니 B 측 조건을 받아들일 경우 자신들이 손해라는 결론을 얻었다. 비록 B 측 태도가 강경하기는 했지만 사실 B 역시 이 거래를 포기하고 싶은 마음이 없었다. 그래서 그들은 조건을 바꿔 양보를 했고, 양측은 비교적 만족스러운 결과를 얻게 되었다.

협상이 한 치의 양보도 없이 팽팽히 맞서다 보면 결국 양측 모두의 손해로 이어질 수 있다. 따라서 협상가는 적시에 그 고리를 끊어내야 한다. 위의 사례에서처럼 A 측 대표 역시 기지를 발휘해 전화를 핑계로 혼자 생각할 시간을 벌었고, 촌각을 다투는 협상에서 상대에게 압박을 가해 판세를 뒤집는 데 성공할 수 있었다.

최후의 선수는 정신력

> 시련을 겪어야만 한다면 차라리 극한의 시련을 겪자.
> — 사디 Sadi

미국 프로 미식축구 사상 가장 위대한 감독으로 손꼽히는 빈스 롬바디 Vince Lombardi는 '하마터면 한순간에 공든 탑을 무너뜨릴 뻔했던' 경기 장면을 녹화해두고 선수들과 함께 보기를 좋아했다.

예를 들면 이런 장면이다. 영상 속에서 한 선수가 분명 공을 잡은 듯했지만 한순간의 실수로 공이 손에서 미끄러져 나간다. 하지만 다른 선수들이 그 공을 끝까지 포기하지 않고 하나같이 몸을 날려 공이 땅에 떨어지기 전에 잡아챈다. 또 다른 장면에서 한 선수는 상대팀 공격에 걸려 넘어졌지만 곧바로 일어나 방어막을 뚫고 점수를 획득한다. 롬바디는 이런 장면들을 통해 실패를 두려워하지 않는 정신력을 가르치고 싶어했다. 그는 미식축구 정신을 모르거나, 코치가 자신에게 원하는 것이 무엇인지 모르는 사람은 팀에 들어올 필요조차 없다고 경고했다.

좋은 선수를 알아보는 방법은 딱 하나이다. 바로 실패 후에도 굴하지 않고 계속 도전하는 강인한 정신력과 투지. 절대 포기하지 않는 불굴의 정신을 가진 자만이 성공할 수 있음을 그는 누구보다 잘 알고 있었다.

미식축구뿐 아니라 모든 일에는 강인한 정신력과 투지가 필요하다. 협상 역시 태어날 때부터 잘하는 사람은 없다. 누구나 첫발을 내딛고 실패 속에서 배우며 경험을 쌓아나가야 비로소 전문가로 거듭날 수 있는 것이다. 끝까지 포기하지 않는 정신력만 있다면 누구라도 자신의 분야에서 성공의 열매를 손에 넣을 수 있다.

다시 처음으로

> 패했다고 해서 이대로 끝내야 하는 것입니까? 승리의 희망도 이제 사라진 것입니까? 아닙니다! 절대 그렇지 않습니다!
> – 드골

일본의 전자기기 제조업체 소니Sony는 대중 브랜드로 자리매김했고, 특히 컬러텔레비전의 우수한 품질을 인정받아 일찌감치 글로벌 브랜드로 급부상했다. 1970년대 중반, 소니의 컬러TV는 일본 본토에서 이미 판매량 1위를 차지했고, 그 후 미국 시장 진출에 박차를 가했다.

  소니가 컬러TV를 미국에 처음 선보였을 때 미국 소비자 반응은 그리 호의적이지 않았다. 소니의 해외영업팀 부장이 직접 나서서 판촉 행사를 열기도 했지만 역부족이었다. 궁지에 몰린 소니 해외영업팀은 각종 신문에 연속 광고를 싣고 저렴한 가격을 부각해보기도 했다. 그들은 신문에 광고가 한 번 실릴 때마다 가격을 하향 조정하는 전략도 함께 썼다. 그러나 그 어떤 마케팅 전략도 미국 소비자의 마음을 움직이지 못했다.

소니는 다시 한 번 심기일전하며 신임 해외영업팀 부장으로 우노키 하지메를 시카고에 파견했다. 그는 척박한 미국 시장을 개척하기 위해 우선 시카고에서 가장 큰 유통업체 마셜Marshall을 공략하기로 결정했다. 우노키는 출근 둘째 날부터 마셜로 직행해 사장 면담을 요청했다. 하지만 그가 네 번째로 회사를 찾았을 때에야 비로소 사장과의 만남이 이루어졌다. 어렵게 마련한 기회였지만 사장은 우노키에게 단도직입적으로 말했다.

"우리는 소니 제품을 유통할 마음이 없습니다."

우노키는 갑작스러운 거절 의사에 놀라 순간 말문이 막혔고, 정신을 차리기도 전에 이어지는 사장의 비난 공세에 또 한 번 좌절해야 했다. 사장은 소니의 연이은 가격 인하가 소비자에게 안 좋은 이미지만 남겼다고 힐난했다.

이번 협상은 누가 봐도 실패였다. 그러나 우노키는 결과에 낙담하지 않고 회사로 돌아가기 무섭게 저가 홍보 전략을 철회했다. 지면 광고 역시 고급스럽고 매력적인 이미지로 전면 교체했다.

우노키는 새 광고가 실린 신문을 들고 다시 마셜 사장을 만나러 갔다. 이번에는 소니의 애프터서비스가 걸림돌이 되었다. 우노키는 회사로 돌아가자마자 애프터서비스팀을 만들고 신문광고에도 애프터서비스 고객 센터 장소와 전화번호를 게재했다.

우노키 하지메가 광고를 들고 다시 사장을 찾아가자, 그는 이번에는 소니의 이미지가 좋지 않다며 계약 체결을 거부했다.

우노키는 그 자리에서 사장을 설득하려 애쓰지 않았다. 그리고 다시 회사로 돌아가 직원들에게 매일 마셜에 다섯 통씩 전화를 걸어 소니의 컬러TV를 구매할 수 있는지 문의하라고 지시했다. 연이은 주문 전화로 마샬 고객 센터의 전화 업무가 마비될 지경에 이르자, 직원들은 소니 컬러TV를 구매 리스트에 포함하는 실수를 저지르고 말았다. 결국 마샬 사장은 소니의 역공에 항복하며 위탁 판매 계약을 체결해주었다.

소니 컬러TV는 미국 시장에 갓 진출했을 때 판로가 꽉 막힌 척박한 시장에서 소비자의 외면을 받아야 했다. 어느 유통업체에서도 소니 제품을 위탁 판매하겠다고 하지 않았다. 하지만 유통업체와의 협상이 실패로 끝났을 때도 소니 직원들은 미국 시장 철수를 선언하지 않았다. 그들은 미국 시장에서 문제가 되는 점을 하나하나 고쳐나갔고, 그 노력에 보답하듯 승리는 그들을 향해 활짝 문을 열어주었다.

옮긴이 홍민경

숙명여자대학교 중문과를 졸업하고, 이화여자대학교 통번역대학원에서 한중번역학과 석사를 이수했다. 타이완 정치대학교에서 수학했으며, 현재 번역 에이전시 엔터스코리아에서 출판 기획 및 중국어 전문 번역가로 활동하고 있다.
주요 역서로는 《일상의 유혹, 기호품의 역사》, 《치유 심리학》, 《성공하는 사람은 인맥을 디자인한다》, 《나는 이제 그만하고 싶다》, 《CCTV 앵커 루이청강의 삼십이립》, 《예술, 평범을 거부하다》, 《날개 없는 비행》, 《다름을 배우다》, 《생중계, 중국을 논하다》, 《똑똑한 리더의 손자병법》, 《심리학 산책》, 《이제야 기회를 알겠다》, 《CEO가 원하는 능동형 인간》, 《사는 동안 버려야 할 60가지 나쁜 습관》, 《열아홉, 마오쩌둥(공역)》 등이 있으며, EBS 〈와신상담〉 등 다수의 드라마와 영상물 번역을 하고 있다.

하버드 협상 수업

© 왕하이산, 2016

초판 1쇄 발행일 2016년 5월 31일
초판 7쇄 발행일 2018년 7월 30일

지은이   왕하이산
옮긴이   홍민경
펴낸이   정은영

펴낸곳   (주)자음과모음
출판등록   2001년 11월 28일 제2001-000259호
주소   (04047) 서울시 마포구 양화로6길 49
전화   편집부 (02)324-2347, 경영지원부 (02)325-6047
팩스   편집부 (02)324-2348, 경영지원부 (02)2648-1311
이메일   spacenote@jamobook.com

ISBN 978-89-544-3604-5 (13320)

이지북은 (주)자음과모음의 자기계발·경제경영·실용 브랜드입니다.

잘못된 책은 교환해드립니다.

이 도서의 국립중앙도서관 출판예정도서목록(CIP)은 서지정보유통지원시스템 홈페이지
(http://seoji.nl.go.kr)와 국가자료공동목록시스템(http://www.nl.go.kr/kolisnet)에서
이용하실 수 있습니다.(CIP제어번호: CIP2016010844)